EGON BRÜCKNER

MEIN LEBEN

© 2015 Egon Brückner
Alle Rechte vorbehalten. Veröffentlichung, auch von Teilen des Buches, nur mit schriftlicher Genehmigung des Autors und anderer, deren Rechte berührt sein könnten.

Gestaltung: Wolfgang Rulfs
www.wolfgang-rulfs.de

Herstellung und Verlag: BoD – Books on Demand, Norderstedt

ISBN 9783734764448

Inhalt

Vorwort 6

Kindheit im Egerland
Weihnachten daheim (etwa 1930) 8
Der Dorfpolizist 15
Rund um das Berglhaus am Kaltenhof 19
Unser Brünnerl am Kaltenhof 25
Ein Jugenderlebnis 29
Die Rumpelbuben vom Kaltenhof 31
Der letzte Maibaum in Grünlas 34
Grünlass und Umgebung 1944 37
Das Gasthaus am Kaltenhof 41

Zweiter Weltkrieg
Russland und Gefangenschaft 45

Ober-Gleen
Als ich nach Ober-Gleen kam 89
Siegfrieds Geburt 110
Christls Geburt 119
Besuch in der alten Heimat 1987 134
Norberts Gedicht zum 80. Geburtstag 141

Gedichte 143

Über dieses Buch 158

Vorwort

Ich bin am 25. September 1924 in Grünlas geboren, damals Bezirk Elbogen im Egerland, Sudetenland. Bis 1945 führten wir in unserer früheren Heimat ein hartes, aber ruhiges Leben. Die Landwirtschaft meiner Eltern war nicht groß genug, darum mussten wir nebenbei mit Pferdegespann Kohle von den Schächten, die zahlreich vorhanden waren, zu Privathaushalten transportieren.

Egon Brückner
17 Jahre alt

Ich war kaum aus der Schule, da musste ich schon einen vollen Mann ersetzen. Es ging vom Morgengrauen bis spät in die Nacht hinein, denn es sollte ja jedes Jahr eine neue landwirtschaftliche Maschine oder sonstiges Gerät angeschafft werden, immer bestrebt, aufzubauen und Neues zu schaffen.

Anfang Dezember 1942 wurde ich zur Wehrmacht eingezogen. Dort wurden wir jungen Burschen geschliffen, nach allen Regeln, mussten uns in den größten Dreck werfen, und es wurde uns gelehrt, wie man Sachwerte zerstört, je mehr, je besser. Das war genau das Gegenteil von dem, was ich in meinem Leben bisher getan hatte, also sah ich es für Unsinn an.

Ich konnte mich für dieses Militär nicht begeistern. Daheim hätte ich in dieser Zeit soviel nützliche Arbeit tun können. Damals hieß es, jeder Soldat hat den Marschallstab im Tornister, darum waren die meisten bestrebt, so schnell wie möglich befördert zu werden. Ich war nicht einmal ein schlechter Soldat, aber keinesfalls ein Streber.

Nach der Ausbildung kam die Einheit, bei der ich war, nach Russland in den Kaukasus (Krymskaya). Dort hatte ich zwei schwere Verwundungen an einem Tag und lag damit elf Monate im Lazarett. Noch am Stock gehend, wurde ich wieder an der Westfront eingesetzt. Dort geriet ich in Gefangenschaft, die vier Jahre dauerte.

In dieser Zeit wurden Sudetendeutsche von den Tschechen aus ihrer Heimat vertrieben. Da ich nun keine Heimat mehr hatte, kam ich nach meiner Entlassung nach Hessen, in den Vogelsbergkreis, in das Dorf Ober-Gleen.

Es wurde meine zweite Heimat.

Egon Brückner

Kindheit im Egerland

Weihnachten daheim (etwa 1930)

Am heiligen Abend war im ganzen Haus reges Leben. Die Frauen hatten im Haus alle Hände voll zu tun und die Männer im Stall, in der Scheune und am Hof. Hatte es geschneit, musste überall Schnee geräumt werden. Lag kein Schnee, wurde der Hof gekehrt und in der Scheune wurden die Futtervorräte für die kommenden Feiertage vorbereitet.
Nachmittag wurde dann mit vereinten Kräften der Christbaum geschmückt und in allem lag schon eine unbekannte Spannung, denn Weihnachten war ja das größte und schönste Fest des Jahres. Im ganzen Haus roch es nach Gebackenem. Sogar die Erbsensuppe kochte schon, denn ohne Erbsensuppe keine Weihnacht. Sie war beim Abendessen immer der erste Gang und jeder freute sich schon darauf.
Nun war es aber höchste Zeit, das Vieh zu füttern, zu melken und den Stall in Ordnung zu bringen. Großvater legte großen Wert aufs Vieh. Den Kühen hatte er schon die Hörner gewaschen. Heute wurden auch die Schwänze gewaschen und gezisselt, dass sie schön buschig waren. Wenn dann das Vieh am Fressen war, war eine heimelige Zufriedenheit zu spüren. Jedes Stück Vieh hatte einen Namen und hörte auch darauf.
Nachdem nun alles erledigt war, wurde in der großen Stube, wo der große Kachelofen angenehme Wärme ausstrahlte, am Tisch Platz genommen. Man kann schon sagen, es war eine Tafel, denn wir waren fünf Kinder, die Eltern und die Großeltern. Großmutter war viel krank und konnte nur noch kleine Handreichungen machen. Deshalb musste meine ältere Schwester, auch ein Schulmädchen von zehn Jahren, der Mutter fleißig zur Hand gehen.
Als Erstes beteten wir gemeinsam ein „Vaterunser". Dann nahm Vater einen Laib Brot, schnitt für jeden ein ganz kleines Stückchen ab und sagte: „Das Brot müsst ihr ehren, solange wir Brot haben, geht es uns gut." Dann nahm er einen Apfel und schnitt ihn in so viele Teile,

wie Personen am Tisch saßen. Dabei durfte aber kein Kern zerschnitten werden, denn dann, hieß es, würde einer der Anwesenden im kommenden Jahr sterben. Darum nahm der Vater kein scharfes Messer, damit der Kern ausweichen konnte, während wir alle bei jedem Schnitt die Luft anhielten und hofften, dass kein Kern zerschnitten wird. Als dann endlich diese aufregende Prozedur zu Ende war, gab Vater jedem am Tisch ein Stückchen Apfel und sagte: „Wenn ihr einmal in einer schwierigen Lage seid, oder wenn ihr euch einmal verirrt, dann denkt an dieses Stückchen Apfel, es wird euch wieder den richtigen Weg zeigen."

Wie viel Wahrheit darin lag, sollte ich selbst am eigenen Leib erfahren. Jahre später, ich war neun oder zehn Jahre alt, es war in einem sehr schneereichen Winter. Da sollte ich einen Botengang ins Nachbardorf machen. Dorthin gab es einen Wiesenweg, schnurgerade, aber der ging über eine Kuppe. Im Sommer ging jeder diesen Pfad, aber im Winter gab es viele Schneeverwehungen. Darum wurde er gemieden. Meine Eltern schärften mir ein, ja nicht dort zu gehen. Die Straße war wesentlich weiter, aber da sind Spuren von Pferdeschlitten und man kann sich nicht verlaufen. Also ging ich auf der Straße in den Spuren der Pferdeschlitten. Aber es war halt doch viel weiter.

Am Heimweg kam ich hinter diesem Dorf an den Abzweig zu dem Wiesenweg. Ach, dachte ich, den Pfad kenn ich ja gut, was kann da schon passieren. Also bog ich ein. Es war wirklich kein Fußstapfen zu sehen. Der Schnee war verharscht, es war fingerdickes Eis, das bei jedem Tritt einbrach. Da wollte ich schon umkehren, aber ich war ja schon auf der Kuppe und mir bot sich ein schönes Bild.

Eine richtige Winterlandschaft, in der ich in der Ferne schon die ersten Häuser unseres Dorfes sehen konnte. Also stapfte ich weiter. Da kam ein eisiger Wind auf, der ganz feinen Schnee vor sich her trieb, sodass ich die Augen nicht offen halten konnte. Ich hielt die Hände mit den Handschuhen vors Gesicht, denn der trockene Schnee schnitt mir wie ein Messer ins Gesicht. Als ich weiter hinunter kam, wurde es noch schlimmer. Die Sonne stand schon tief und die gefrorene Schneedecke glänzte wie ein Spiegel. Das sah ich gar nichts mehr, und ich wollte schon umkehren.

Meine Fußstapfen waren von dem Schnee, den der Wind dorthin trieb, schon wieder zugeweht. Ich bekam nun Angst, aber auf halber

Strecke, dachte ich, steht ja ein Busch neben dem Pfad. Und an dem musste ich ja bald sein. Ich hielt weiterhin die Hände mit den Handschuhen vors Gesicht. Sehen konnte ich nichts, und die Augen brannten wie Feuer. Wo ist denn der Busch, dachte ich, der müsste doch längst da sein, denn ich war ja schon wieder eine Zeitlang dahin gestapft. Da hielt ich wieder an und versuchte, durch die Handschuhe zu schauen. Aber zu sehen war nichts, kein Busch und nichts. Ja, wo war ich denn jetzt eigentlich?

Da fiel mir ein, dass circa 100 Meter rechts vom Pfad ein Bach läuft. Er floss ruhig dahin, aber bei Unwetter schwoll er gewaltig an. Deshalb hat man die Böschung flach nach außen gezogen, damit er mehr Wasser aufnimmt. Du lieber Himmel, dachte ich, wenn ich da hineinfalle, bin ich in zwei Stunden erfroren. Vor Angst habe ich geschlottert und geweint. Ich wagte keinen Schritt mehr zu gehen. Weil ich fror, dachte ich, wie schön wäre es jetzt daheim beim Kachelofen. Im Geist sah ich die ganze Familie um den großen Tisch sitzen.

Und da fiel mir das Stückchen Apfel ein. Plötzlich sah ich meine Mutter, so, als wäre sie bei mir. Ich wurde ruhiger und fing an, einen Fuß vor den anderen zu setzen, ganz langsam. Denn vor dem Bach hatte ich Angst. Nach einer Weile spürte ich, dass es unter meinen Füßen tiefer wurde. Da hielt ich an und bat den Herrgott: „Lass es die Böschung sein." Denn dann hätte ich gewusst, dass es der Bach ist, und ich hätte mich wieder zurecht gefunden. Ich wagte noch einen ganz kurzen Schritt und spürte, dass es noch tiefer wurde. Da räumte ich mit den Händen und Füßen den Schnee weg, um festzustellen, in welche Richtung der Bach läuft. Erst musste ich ja die gefrorene Schneedecke zertreten. Aber ich konnte schon wieder so weit denken. Weil der Bach zugeweht war, wird das Eis auf dem Wasser nur dünn sein. Also musste ich vorsichtig sein, um nicht einzubrechen.

Ich spürte am ganzen Körper mein Herz schlagen, so aufgeregt war ich. Nun war es schon so tief, dass ich das Eis spürte. Ganz vorsichtig klopfte ich mit dem Absatz des Schuhs darauf, aber es war doch fester, als ich glaubte. Nachdem ich mehrmals stampfte, entstand eine ganz kleine Öffnung im Eis und ich konnte sehen, dass das Wasser nach rechts floss. Also musste ich nach links. Du lieber

Himmel, dachte ich, wie konnte ich mich nur so verlaufen. Da merkte ich, dass meine Handgelenke bluteten. Denn beim Schneeräumen waren die „Stuzala" (Pulswärmer) nach hinten gerutscht. Dadurch hatte ich mich an der gefrorenen Schneedecke verletzt. Aber das war jetzt nicht mehr so schlimm, denn nun musste ich mich orientieren. Demnach war ich circa 100 Meter rechts vom Pfad, dort musste ich erst mal wieder hin. Also stapfte ich wieder los. So als wäre mir auch der böse Schneesturm wieder besser gesonnen, ließ es etwas nach und ich konnte durch meine Handschuhe, die ich immer noch vor dem Gesicht hatte, etwas durchblinzeln.

Was ich da sah, konnte ich fast selber nicht glauben. Vor Freude weinte ich, denn da vorne, circa 80 Meter vor mir, stand der Busch. Oder hatte ich es mir doch nur eingebildet? Ich rieb mir die brennenden Augen. Als ich ganz vorsichtig die Augen wieder öffnete, hätte ich vor Freude am liebsten geschrien, es war der Busch! Ich weiß nicht, wo ich plötzlich die Kräfte hernahm. Denn obwohl ich bei jedem Schritt durch die gefrorene Schneedecke einbrach, lief ich zu ihm, als müsste ich ihn begrüßen. Dankbar blieb ich vor ihm stehen, als müsste ich ihm sagen, wie froh ich bin.

Von hier aus konnte nicht mehr viel passieren. Ich kannte jeden Meter, und unser Dorf war auch nicht mehr weit. Auch der Wind hatte sich noch mehr gelegt, alles meinte es auf einmal gut mit mir. Soeben versank auch die Sonne hinter dem Wald und die gefrorene Schneedecke spiegelte nicht mehr. Obwohl mir alle Glieder wehtaten, kam ich ganz gut voran. Jetzt musste ich mich aber auch eilen, denn es fing schon zu dunkeln an. Dort vorne sah ich sogar schon die beleuchteten Fenster der ersten Häuser unseres Dorfes.

Von da an war ich dann schneller daheim, als ich ich dachte, aber ich wusste nicht wie. Zu Hause war schon große Aufregung. Vater war schon angezogen und wollte mir auf der Straße entgegengehen. Ich fiel auf einen Stuhl und sagte kein Wort mehr. Mutter gab mir Tee, den ich eilig schlürfte, denn Durst hatte ich. Sie sah mich an und gab den anderen, die alle etwas wissen wollten, ein Zeichen, mich in Ruhe zu lassen. Dann zog sie mich aus, alles, was ich anhatte, war gefroren. Als sie meine blutenden Handgelenke sah, sagte sie zu sich selbst: „Du lieber Gott", fragte mich aber nicht. Ich

hätte ihr auch keine Antwort geben können. In mir war alle Energie verbraucht. Dann steckte sie mich ins Bett.
Als ich am anderen Morgen wieder einigermaßen ansprechbar war und erzählte, wo ich war und wie es war, da sahen Vater und Mutter sich an und Vater sagte: „Dort hätte dich niemand gesucht." Das war mir eine Lehre und ich habe so etwas nie wieder getan. Dieser Busch war seitdem mein Freund. Sooft ich später an ihm vorbeiging, blieb ich kurz vor ihm stehen, als müsste ich ihm noch mal „danke" sagen. Heute noch frage ich mich, wer hat mich zwei Meter vor dem Bach angehalten? War es dieses Stückchen Apfel? Oder war es doch ein Schutzengel? Diese Frage wird wohl offen blieben.
Nun aber zurück zu unserer Tafel am heiligen Abend. Nachdem Vater die Apfelstückchen verteilt hatte, gab es die Erbsensuppe. Nach der Erbsensuppe kam Kartoffelsalat und ein großer Karpfen. Den bekamen wir jedes Jahr vom Pächter des Spinnlteichs, weil wir in der Zeit, wo im Herbst das Wasser abgelassen war, das Gras und Schilf abmähten, damit im Winter das Eis für die Brauerei schön sauber war. Dann kam ein Essen, welches eigentlich nur in unserer Region bekannt war. Es waren „Bröita Biazala". Das waren kleine Kuchen, fünf bis sechs Zentimeter im Durchmesser und eineinhalb Zentimeter dick. Die hatte Mutter schon Tage vorher gebacken. Diese wurden in einer großen Schüssel mit heißem Wasser übergossen, damit sie weich und saugfähig wurden. Das Wasser wurde wieder abgeschüttet, und darüber kam dann eine Mischung aus Butter und Sirup, heiß. Darauf haben wir uns schon lange gefreut! Da wurde fleißig zugegriffen. Das war die Arbeit meiner Schwester, sie musste schon zupacken wie eine Große. Die Leute sagten, wenn die aus der Schule ist, ist sie schon perfekt.
Obwohl wir jetzt alle schon satt waren, wurden wir von einem Duft, der durch die große Stube zog, hellwach. Denn Mutter hatte noch mal Kaffee gekocht. Aber zur Feier des Tages hatte sie in den normalen Kaffee eine Handvoll Kaffeebohnen gemahlen, und dieser Duft regte nochmals unseren Appetit an. Meine Schwester brachte schon den großen geflochtenen und selbst gebackenen Stollen. Davon wurden große Scheiben geschnitten, darauf kam Butter und Sirup. Das gab es aber nur zu Weihnachten! Da saßen wir nun alle, alt und jung, groß und klein, bei Bohnenkaffee und Stollen, auf dem

Butter und Sirup war. Wir waren zufrieden und glücklich, und keiner sprach ein Wort.

Als dieser besinnliche Nachtisch beendet war, gingen alle in den Stall. Dabei bekam jedes Vieh ein Stück Brot. Dabei klopften wir ihnen den Hals und Rücken und man merkte, dass auch die Tiere spürten, dass es ein besonderer Tag sein muss.

Dann gingen wir wieder in die Stube, denn es musste ja der Tisch abgeräumt und Geschirr gespült werden. Nur Vater sagte, dass er im Stall noch etwas zu erledigen hätte. Was ja der Zeit nach eine größere Sache sein musste. Als in der Stube wieder alles in Ordnung war, am Tisch standen jetzt Teller und Plätzchen, da kam auch Vater wieder. Er meinte, dass er draußen ein Glöckchen gehört hätte. Er hat auch nachgeschaut, aber nichts gesehen.

Als wir kleinen Kerle etwas von einem Glöckchen hörten, waren wir gespannt wie eine Feder. Es konnte jetzt nicht mehr lange dauern und das Christkindchen müsste kommen. Da hörten Vater und Mutter wieder ein Glöckchen, dieses Mal aber bei uns im Hausflur. Wir Kinder waren ja alle viel zu aufgeregt, um ein Glöckchen zu hören. Nach einer Weile sagte Vater: „Jetzt ist es wieder ruhig im Flur, da sollten wir doch einmal hinausschauen, aber ganz ruhig und vorsichtig."

Vater nahm die Türklinke in die Hand und öffnete die Tür einen ganz kleinen Spalt. Wir horchten hinaus, aber alles war still. Da sagte er, „ich glaube, es ist schon fort", und öffnete die Türe ganz. Da standen wir nun, wir kleinen Kerle, mit großen Augen und offenem Mund. Denn für jeden lag das im Flur, was er dringend brauchte. Große Wünsche konnten nicht geäußert werden, denn sie waren nicht zu erfüllen. Einer hatte verlatschte Schuhe, dafür lagen neue da, dem anderen war der Mantel zu klein, dafür lag ein neuer da. Oder Schulhefte, Bleistift und Farben. Ich hatte ein Holzpferd, mit dem ich gerne spielte. Aber kurz vor Weihnachten war es spurlos verschwunden. Nun aber stand es frisch gestrichen und schön im Flur. Vor Freude weinte ich, denn ich hatte mein Pferd wieder. Jeder nahm seine Sachen mit in die Stube. Dort wurde alles nochmals angeschaut und probiert. Alle freuten sich und die Zeit verging wie im Fluge.

Und da war es auch schon höchste Zeit, in die Christmette zu gehen. Nach Elbogen in die große Kirche waren es vier Kilometer. Aber der

Weg dorthin war jedes Mal ein Erlebnis. Heute durften sogar wir Kleinen mitgehen.

Auch bei uns daheim war das Wetter zu Weihnachten ganz unterschiedlich. Hatte es frisch geschneit, dann mussten die Männer mit Stiefeln vorneweg Spur treten. Schneepflug gab es damals keinen. Es wurde immer truppweise gegangen. Der Erste und der Letzte hatten ein Laterne. Da sah man, dass weiter vorne auch ein Lichtlein ist und weiter hinten kamen auch noch ein oder zwei. Manchmal schien der Mond taghell, dann blieben wir oft am „Angerl", auf dem höchsten Punkt stehen und nahmen diese schöne Gegend, die sich uns rundum bot, in uns auf.

Die Christmette war ja immer etwas Besonderes. Da kamen die Gläubigen von weit, von Höfen, Nallesgrün, sogar von Dreihäuser, um diese besondere Messe mitzuerleben. In der ganzen Abhandlung lag eine „Weihe", wie in keiner anderen Messe. Man kam sich irgendwie erleichtert vor. Ich kann es nicht anders beschreiben.

Am Heimweg waren die Trupps dann größer und es wurde viel erzählt. Aber es meldete sich auch schon wieder der Hunger.

Großmutter konnte nicht mehr mitgehen. Aber sie hatte daheim gut Feuer gehalten und sie hatte sogar Kaffee gekocht. Darum konnten wir uns auch an den Tisch setzen und uns den Kaffee, Stollen mit Butter und Sirup schmecken lassen. So schön konnte Weihnachten sein. Ich denke heute, nach 70 und mehr Jahren oft noch gerne daran zurück.

Im Mai 2003
Egon Brückner

Der Dorfpolizist

Karl Ruß war unser Dorfpolizist. Obwohl es damals Kriminalität, wie sie heute vorkommt, noch nicht gab, war sein Dienst in Grünlas und den weitverzweigten Ortsteilen, für ihn, der ja schon in fortgeschrittenem Alter war, doch anstrengend, denn er war ja der Alleinverantwortliche. Er musste auch nachts mal Streife gehen, um eventuellen Dieben zu zeigen, dass das Auge des Gesetzes wacht. Im Winter nahm sein Arbeitspensum noch um einiges zu, und was er da tun musste, war dem alten Herrn bestimmt nicht angenehm. Nicht, weil ihm Schnee und eisglatte Straßen das Fortkommen erschwerten. Es war die Jugend, mit der er sich auseinandersetzen musste.

Die lieben Kinder fuhren eben dort Schlitten, wo es am besten ging, und das war die Verkehrsstraße, aber dies war ja sein Bereich. Durch Anschlag war bekannt, dass jedem der Schlitten beschlagnahmt wird, der dort rodelt. Aber damals waren halt die Zeiten und Gesetze noch etwas lockerer. Tagsüber wurde ja in der Leit'n gerodelt und Ski gefahren. Aber sobald es dunkel wurde, war es nirgends schöner als am Grünlasberg, auf der Verkehrsstraße. Damals war die neue Straße nach Kaltenhof noch nicht gebaut, und der Verkehr in Richtung Karlsbad fuhr auf dieser gefürchteten Steilstrecke. Das begehrteste und steilste Stück war der Packerberg, er begann im Dorf beim Higgemann-Tischler und ging bis zum (Howara) Havlitschek, war also ganz schnell erreichbar. Aber diejenigen, die das größere Vergnügen suchten, zogen ihre Schlitten hinauf bis zum Kaltenhof und fuhren dann den ganzen Kilometer mit hoher Geschwindigkeit bis Grünlas hinunter. Dazu gesellten sich natürlich auch die Kaltenhofer. Und das war dem „Rußpolizei", denn so hieß er in aller Munde, sein größtes Problem.

Diese Strecke hatte aber auch in anderer Hinsicht ihren Reiz. Grünlas war damals schon eine fortschrittliche Gemeinde, darum hing zwischen Grünlas und dem Ortsteil Kaltenhof auf einen Kilometer Länge an jedem Lichtmast eine Straßenlampe. Mit ihrer schwachen Glühbirne war sie im Vergleich zu den heutigen Straßenbeleuchtungen ja nur eine Funzel. Sie hatte einen suppentellergroßen Schirm, und über die Glühbirne war eine käseglockenartige Glasfassung geschraubt. Aber gerade dieses schwache Licht zog alle an, es war nicht stockdunkel, aber auch nicht hell. Und wenn man von einem Ort zum anderen schaute, dann war es eine Lichterkette, die sich den Berg hinauf schlängelte, oder umgekehrt hinab. Große Hilfe war sie vor allem im Winter, wenn der Schnee hoch lag, dann zeigte sie den Ortsfremden den Straßenverlauf. Denn zu dieser Zeit fuhren keine Schneepflüge. Schneewehen mussten mit der Schaufel beseitigt werden, der normale Schnee blieb liegen und wurde festgefahren. Wenn dieser Zustand erreicht war, begann für die Jugend das Schlittenfahren, und für den „Rußpolizei" gab es keinen ruhigen Abend mehr.

Dieses Zwielicht hatte Vor- und Nachteile für beide Seiten. Die Schlittenfahrer wurden vom Polizisten nicht sofort erkannt, aber auch er wurde erst im letzten Moment gesehen. So wurde vereinbart, dass derjenige, der ihn zuerst sieht, einen Warnruf abgibt. Galt aber dann tatsächlich mal ein Ruf der „Rußpolizei", dann hieß es laufen, was jeder konnte. Schnell wurde Zuflucht hinter Häusern oder Scheunen gesucht, und die Straße war wie leergefegt. Sobald er aber außer Sicht war, waren alle wieder da.

Aber er wäre ein schlechter Polizist gewesen, hätte er nicht auch seine Tricks gehabt. So kam es vor, dass er, ganz unerwartet aus irgendeiner Seitengasse kommend, plötzlich mitten unter den Schlittenfahrern stand und sich ein oder zwei Schlitten ergatterte. Vergnügen war es mit Sicherheit für ihn keines, ich glaube, dass er jedes Mal, wenn er bei dieser Glätte den Berg hinauf musste, sehnlichst den Sommer herbei wünschte. Als eines Abends mal wieder großes Rodeln war - wir zogen unsere Schlitten gerade wieder bergan und waren beim Haus Guth -, da kam von unten der Ruf „Der Rußpolizei!", und jeder versuchte so schnell wie möglich von der Bildfläche zu verschwinden. Da kam noch ein Schlitten mit zwei kleinen Mädchen darauf von oben herunter. Alle Warnrufe halfen nichts, sie fuhren an uns vorbei. Unten sahen wir im schwachen Schein der Straßenlampen den Schatten des Polizisten, er hatte die Arme weit ausgebreitet und deutete damit an, dass die Fahrer zu stoppen hätten. Aber die Mädchen befanden sich auf großem Gefälle, zwischen Guth und Maschek, scheinbar waren sie beim Anblick des Polizisten auch nicht mehr Herr über ihr Gefährt.

Als Karl Ruß sah, dass sein Vorhaben nicht gelingt, sprang er zur Seite, aber dorthin wollten auch die Mädchen ausweichen. So kam es, dass sie die Amtsperson streiften, und im Handumdrehen lag ein dunkles Knäuel, Schlitten, Mädchen und Polizist im hohen Schnee. Zum Glück waren auf dieser Straßenseite keine Häuser oder Zäune, es war gegenüber von Haus Rödig. Als wir dieses Unglück sahen, wussten wir, dass uns der „Rußpolizei" für den Rest des Winters hier nicht mehr Schlittenfahren lässt, denn nach diesem Vorfall würde er voller Härte durchgreifen. So langsam entwirrte sich das Knäuel dort unten. Und außer einem Loch im Schnee war keinem etwas passiert. Karl Ruß richtete sich auf, griff nach der Schnur, die vorne am Schlitten befestigt war, sagte kurz „Eigentlich müsste ich euch heute Nacht ins Feuerwehrhaus sperren" und zog den Schlitten, der ihn bergab ständig überholte, in Richtung Grünlas.

Ein jeder von uns hätte ihm den Schlitten widerspruchslos überlassen und wäre froh gewesen, ohne Strafe davongekommen zu sein. Aber diese Mädchen sahen es scheinbar anders. Sie liefen neben ihm her, weinten und bettelten so lange um ihren Schlitten, bis er stehen blieb und sagte, also gut, diesmal will ich noch ein Auge zudrücken, gab den Schlitten zurück und ging langsam seines Weges.

Was mochte da in ihm vorgegangen sein? Ob er in seiner Jugend auch ab und zu auch einen Streich verübte, der ihm jetzt einfiel, und er deshalb Gnade vor Recht ergehen ließ? Oder hatte es doch etwas mit der Äußerung zu tun, er wolle ein Auge zudrücken? Denn er hatte im Ersten Weltkrieg ein Auge verloren und hatte deshalb ein Glasauge. In diesem Fall hat er bestimmt sein gesundes Auge zugedrückt, denn er war ja kein Streber, so wie man sie heute manchmal erlebt. Er war ein Mensch in Uniform, der seiner Pflicht nachging. Von diesem Abend an war er in unserer Achtung gestiegen. Während seiner Dienstzeit war er ein fester Bestandteil von Grünlas. Als er dann im Ruhestand war und nicht mehr durch das Dorf und die dazugehörenden Ortsteile ging, da wurde er doch von manch einem vermisst.

Die damaligen Zeiten waren, gemessen an den heutigen, karg. Große Wünsche wurden erst gar nicht geäußert, weil sie nicht erfüllt werden konnten. Wir waren bescheiden, konnten uns über kleine Geschenke freuen und haben doch auch Schönes erlebt.

Rund um das Berglhaus am Kaltenhof

Das Berglhaus war eines der ältesten Häuser am Kaltenhof, einem Ortsteil der Gemeinde Grünlas. Mit tief heruntergezogenen Dach stand es trutzig auf dem höchsten Punkt des Dorfes, dem Berg. Von dort hatte man einen schönen Rundblick. Gegen Norden lag auf breiter Fläche der Grünlas-Wald, der nur aus Birken bestand und am schönsten war, wenn im Frühjahr die weißen Baumstämme durch das erste helle Grün der jungen Blätter schimmerten. Dann gab es Maikäfer, die wir als Kinder, früh noch vor der Schule, schüttelten, weil sie da noch schliefen und leicht herunterfielen. Das war doch ein Erlebnis, wenn die Schuhschachtel voll war und die Kerle wieder zu fliegen anfingen. Wenn heute irgendwo ein Maikäfer aufgegriffen wird, dann ist es eine Sehenswürdigkeit.

Weiter gegen Westen sah man die Neusattler Glasfabrik mit ihren großen, nahe aneinander stehenden Wohnhäusern und den hohen Schornsteinen der Hütte. Grünlas lag unten im Tal, und man konnte nur die obersten Häuser an der Bahnlinie nach Neugrünlas sehen. Darüber lag Neugrünlas, an das sich ohne Übergang Neusattl anschloss und sich weit hinaufzog bis zum Bahnhof und Kaiserschacht, dessen beide dicht nebeneinander stehenden Schornsteine wie zwei zum Schwur erhobene Finger der Sonne sagen wollten: Hier ist Westen.

Links drüben verlief die Straße, die sich von Sandhübl kommend, am Wald entlang zur Kreuzschänke und zum Neusattler Friedhof schlängelte. Von Elbogen war nichts zu sehen, es lag im Tal und wurde vom Angerl verdeckt. Dies war eine lang gezogene Kuppe zwischen Kaltenhof und Elbogen, viel höher als das Bergl, und darüber lief die Kaiserstraße. Das Angerl war auf dieser Durchgangsstraße der höchste Punkt zwischen Karlsbad und Falkenau. Von hier aus bot sich ein herrliches Panorama.

Doch im Winter wurde es von jedem gefürchtet, der darüber gehen oder fahren musste, denn dort gab es die ersten Schneeverwehungen, und der Wind pfiff, als wäre ein Rudel Wölfe unterwegs.

Und trotzdem war es schön, wenn wir alljährlich um halb elf Uhr zur Christmette nach Elbogen in die Kirche gingen. Immer truppweise, die Männer mit Stiefeln vorneweg, denn die mussten den Schnee bahnen. Wenn es schneite und sehr finster war, wurden Laternen mitgenommen. Dann konnte man sehen, dass sich weiter vorne auch ein Lichtlein bewegte und hinten auch noch welche. Es tat gut zu wissen, dass man nicht alleine war.

Schien aber der Mond, und die Sterne funkelten, dann hatte diese Landschaft in ihrem weißen Kleide ihren besonderen Reiz. Ruhe und Frieden lag über allem und der gefrorene Schnee knirschte unter den Schuhen. Da kam einem die Heilige Nacht so richtig zum Bewusstsein. Es ging auch jeder in sich gekehrt und ohne viele Worte. Vom Angerl führte ein Weg als Abkürzung links über die Hohen Stadln. Das waren die Scheunen der Elbogener Bauern, die in der Stadt keinen Platz dafür hatten. Dort drüben standen sie im Schnee wie große dunkle Punkte und wiesen so manchem den Weg, der bei Schneetreiben zu Fuß nach Elbogen wollte. Hatte man sie aber erreicht, dann ging es bergab bis Elbogen. Der Sturm, der oben von allen Seiten angriff, stieß sich jetzt am Hang, und es war erträglicher. Die hochgestellten Mantelkragen wurden umgelegt, und man konnte auch wieder miteinander reden, was oben nicht immer möglich war.

Am Kirchhof wurde der Schnee von Mantel und Schuhen geklopft, und in der ungeheizten Kirche mussten recht oft die Schuhe aneinander geschlagen werden, weil die Füße froren. Und doch waren wir immer aufmerksame Zuhörer. Am Heimweg ging es dann schneller, denn da mussten die kalten Füße warm gelaufen werden, und daheim warteten ja auch der Weihnachtsstollen und warmer Kaffee. Der war bei weitem nicht so stark, wie er heute gebraut wird, aber das Korn dazu hat in Grünlas der Brandl geröstet, dann war auch Zichorie drin und zu Weihnachten ein paar Kaffeebohnen. Was für zufriedene Menschen waren wir doch. Wenn man vom Berglhaus übers Angerl hinweg sah, konnte man bei klarem Wetter hoch über Elbogen einige Höfe erkennen. Nach Süden lag der Kaiserwald, der Ziegenbrücken und viel näher der Schmiedwald, hinter der Schäferei.

Aber den schönsten Blick, den man vom Berglhaus aus gehabt hätte, versperrten die hohen Gebäude der Porzellanfabrik, nämlich gegen Osten hin, zum Horner Berg. Er war Wegweiser nach allen Seiten, und wer auf seinem runden kahlen Gipfel stand, konnte sich rundum an unserer schönen Heimat erfreuen. Ein Sonnenaufgang, vom Kaltenhof aus gesehen, hätte von einem Maler gemalt oder von einem Poeten in Worte gekleidet werden müssen.

Ich erinnere mich, als ich noch ein kleiner Hemdenmatz war und durch die Betriebsamkeit unten auf unserem Hofe früher als sonst wach wurde und hinunter trippelte. Da sah ich den Horner Berg im Glanz der Morgensonne. Ganz erschrocken rief ich nach meiner Mutter. Die kam gelaufen und dachte, mir wäre etwas passiert. Ich sagte: „Schau hin, schau hin, der Horner Berg brennt!" „Nein, der brennt nicht", sagte sie. „Jetzt geht die Sonne auf, gleich wird sie hinter dem Berg hervorkommen." Bestimmt hätte Mutter viel Arbeit gehabt, aber da blieb sie bei mir. Es sah aus, als hätte der Horner

Der Hof Brückner am Kaltenhof.

Berg einen Heiligenschein. Doch schon zeigte sich ein schmaler, gelb funkelnder Reifen, der kurz darauf wie eine Königskrone aussah. „Siehst du, wie schnell die Sonne hochkommt", sagte Mutter, „gleich wird sie oben sein, dann macht sie einen Sprung und ist am Himmel." Dabei erinnerte ich mich, dass Vater immer erzählte, wie schön es auf der anderen Seite vom Horner Berg sei. Da ist der Stahlenhof, und schöne Wiesen gehen bis hinunter zur Eger.

Darum fragte ich meine Mutter: „Kommt denn die Sonne aus der Eger raus?" „Freilich", sagte sie, „du siehst ja, wie sauber sie jetzt ist, und nun ist sie vom Berg hochgesprungen, hast du das gesehen? Jetzt muss sie den ganzen Tag fleißig scheinen, damit unser Heu trocken wird. Und wenn sie am Abend müde ist, geht sie dort drüben beim Kaiserschacht schlafen." „Aber dann ist sie nicht mehr so schön wie jetzt", sagte ich. „Das wird halt vom Kohlenstaub sein", erwiderte sie und ließ mich stehen.

Wie ich so alleine dastand, malte sich meine kindliche Fantasie ein schönes Märchen aus. Ich stellte mir vor, dass die Sonne ganz früh, wenn alle Menschen noch schliefen, in der Eger ein Bad nahm. Ich sah, wie das Wasser hochspritzte, wie sie sich mit Seife wusch und mit einem Handtuch abtrocknete. Dann ging sie langsam durch die schönen Wiesen den Hang hoch, bis zur Bergspitze, machte einen kleinen Sprung, und weil es beim Kaiserschacht so staubig war, wurde sie müde und ging hinter dem Bahnhof schlafen. Meine Mutter ließ mich eine ganze Zeit in diesem Glauben. Als sie mir dann sagte, wie es wirklich war, wollte ich es nicht glauben und war sehr enttäuscht. Solange ich an mein Märchen glaubte, wusch ich mich unaufgefordert mit Seife, sodass es meiner Mutter schon auffiel, wo ich doch sonst nie viel von Seife hielt.

Sobald aber der erste Schnee fiel, fanden sich sämtliche Kinder des Dorfes ein. Dann wurden die verschiedensten Fortbewegungsmittel vorgeführt, wie Rodler, Schlitten, Fass-Tauben oder Schlittschuhe. Einer hatte sich einen Brettlrutscher zusammengebastelt, einer versuchte es mit einer Bratpfanne mit Loch, die aber nicht rutschen wollte. Doch der absolute Renner war eine Stielpfanne. Sie schien schon älteren Datums zu sein, aber noch gut erhalten. Ihrem Aussehen nach hatte sie schon bessere Zeiten gesehen, und wahrscheinlich hätte sie von Schweinebraten, Schnitzeln, vielleicht auch von „Wasserschlankeln" (Kartoffelpuffern) oder „Liwanzen" (kleinen Eierpfannkuchen) erzählen können, die im Laufe ihres langen Lebens in ihr zubereitet worden waren. Aber was war dies alles gegen den „Allerwertesten" ihres Chauffeurs, den sie jetzt transportierte. Dies musste wohl der Höhepunkt ihrer Karriere gewesen sein. Sie wusste dies auch zu würdigen und benahm sich wie eine Dame auf dem Parkett, mal linksherum und mal rechtsherum, während sie das Bergl hinunterglitt. Das geschah zwar nicht mit Höchstgeschwindigkeit, aber sie war kurvenfest.

Das Berglhaus samt dem Bergl gehörte dem Besitzer der Kaltenhöfer Porzellanfabrik, Herrn Dietl. Darum wohnten darin nur Leute, die in der Fabrik arbeiteten. Er erlaubte es auch, dass das Bergl als die Kaltenhöfer Rodelbahn genutzt wurde. Den direkten Anliegern und den Bewohnern des Berglhauses war hoch anzurechnen, dass sie das manchmal schon tolle Treiben tolerierten.

Wenn genug Schnee lag und es dann tagelang nicht mehr schneite, wurde auf der glatten Bahn täglich vom frühen Nachmittag, bis es dunkel wurde, gerodelt. Dann tönte ständig das laute „Hooop, Hooop" der Hinunterfahrenden. Heute würde man sagen, es sei unzumutbar, aber damals gehörte es zum Dorfgeschehen.

Während solcher Wintertage wurden oft die Schulaufgaben nicht daheim gemacht, sondern früh vor Schulbeginn schnell abgeschrieben. Beim trockenen Frost wurde auf dem „Spinnelteich" Schlittschuh gefahren. Aber auch die Berglbahn war dann herrlich glatt, und es herrschte reger Betrieb. Jetzt kamen sogar solche zu ihrem Vergnügen, die alte, abgefahrene Holzpantoffeln ohne Absatz hatten. Mit Kerzenwachs unten eingerieben, liefen sie wie die Feuerwehr. Das Schönste dabei war aber, dass sich der feine Schnee, der beim Tschienern hochwirbelte, an den Wollstrümpfen hing und gleich zu feinen Eisperlen gefror, die immer mehr und immer größer wurden. Am Rande der Schlittenbahn hatten die Bewohner des Berglhauses einen schmalen Streifen mit Asche gestreut, als Fußweg, denn sie mussten ja auch Wasser von der Pumpe unten im Fabrikgarten holen, die im Winter mit viel Stroh umwickelt war, damit sie nicht einfror.

Welch jähes Ende sollte eines Tages unser Schlittenfahren haben, als es schneite. Frau Holle musste großen Ärger gehabt haben, denn 15 Zentimeter hoch lag der Neuschnee, als wir nachmittags aus der Schule kamen. Den Grünlasberg hinaufstampfend, vereinbarten wir, dass nachher ein jeder mit einem Reisigbesen von daheim antritt, damit wir den Schnee vom Bergl fegen. So war es dann auch. Zum Glück war leichter Pulverschnee gefallen, und als wir mit unserer Arbeit begannen, sah man nur eine einzige Schneewolke.

Unten an der Straße stand ein Lichtmast mit Lampe, die mit ihrem Schein der winterlichen Landschaft eine heimelige Note gab. Was für uns Kinder auch sehr wichtig war, hierher kam der „Rußpolizei" nicht!

Schon bald liefen die ersten Schlitten wieder, aber das Tschienern ging noch nicht. Auch die Stielpfanne konnte noch nicht starten. Um die Bahn schneller zu machen, holten wir Wasser und schütteten es vor allem oben beim Start, direkt vor dem Hauseingang hin. Es gefror auch gleich und schon ging alles besser. Nicht einer dachte an die Folgen. Es dauerte nicht lange, bis Herr Herget, der im Berglhaus wohnte, aus dem beleuchteten Flur hinaus in die Dunkelheit trat, um mit einem Eimer Wasser vom Fabrikbrunnen zu holen. Von dem Eise vor der Haustüre wusste er nichts. Es riss ihm die Beine hoch, die Pantoffeln flogen fort, der Eimer landete im hohen Bogen im Schnee, und er fiel mit voller Wucht auf seine Schattenseite.

Wir standen alle mit offenen Mäulern da und dachten, er hätte sich ein Bein gebrochen. Er rutschte sogar noch ein Stück weiter, konnte sich aber dann noch abfangen und stand langsam auf. Nicht einer von uns Helden kam ihm zur Hilfe, so erschrocken waren wir alle. Er war scheinbar selbst überrascht, dass noch alles heil an ihm war. Während er sich den Schnee vom Hintern klopfte, suchten einige eiligst seine Pantoffeln, die er noch nicht vermisst hatte. Wir rechneten jeden Moment damit, dass er losschimpfen und uns alle fortjagen würde. Aber zu unserem Erstaunen sagte er: „Kinder so etwas dürft ihr nicht machen, da könnte doch mal was passieren." Und wenn wir Rückschau halten, dann können wir sagen, es war doch schön am Bergl und beim Berglhaus am Kaltenhof.

Unser Brünnerl am Kaltenhof

Etwas unterhalb des Dorfes, am Rande des Grünlaswaldes, entsprang eine armstarke Quelle. Ihr Wasser war das weichste und beste in weitem Umkreis. Wahrscheinlich hätte die Quelle ausgereicht, ein kleines Dorf wie den Kaltenhof zu versorgen. Aber sie lag tiefer und konnte deshalb auf natürliche Weise nicht dorthin geleitet werden. Weil aber damals sowieso fast bei jedem Haus ein Brunnen war, wurde diese Quelle mit einfachsten Mitteln gefasst. Es wurde eine kleine Grube von etwa einem Meter Tiefe ausgehoben, eine Holzschalung eingebaut und ein Holzdeckel oben drauf gesetzt. Damit war unser Brünnerl schon fertig. Jeder, der sich dort in der Nähe aufhielt oder vorbeikam, hat gerne davon getrunken.

Der Überlauf verteilte sich im Waldboden und machte die ganze Umgebung zu einer herrlich grünen Oase. Dort wuchsen die höchsten Birken, deren Stämme man kaum mit den Armen umspannen konnte. Das weiche Waldgras sah und fühlte sich an wie ein grüner Hirtenteppich. Heidelbeeren und Preiselbeeren gediehen da wie nirgends sonst im Wald. Hier hatte man die Bleschn (Kleine Milchkanne) bald voller Beeren, und wenn es mal nicht ganz reichte, dann wurde halt schnell mal beim Brückner Alois übern Zaun gestiegen. Dort war ja der gleiche Wald, nur eingezäunt, und darum wuchs dort alles noch besser. Wenn die Bleschn voll war, wurden schnell noch einige Rotkappen mitgenommen, und ab ging die Post.

Aber dieses schöne Fleckchen bei unserm Brünnerl hatte noch andere Reize. Oberhalb davon war ein kleines Steinernes Meer, zwar nicht so groß wie bei der Luisenburg im Fichtelgebirge, aber uns reichte es vollkommen. Viele große Steine ragten hoch aus dem Boden, manchmal in Gruppen, andere standen alleine. Von dort stammte auch der große Stein für das Grünlasser Kriegerdenkmal. Er wurde damals mit Winden auf zwei Baumstämme, die einen Schlitten darstellten, gewälzt, und der Ebert Rudl und der Havlischek Albert (Howara) haben ihn mit vier Pferden nach Grünlas gezogen.

Doch der größte und beliebteste Stein war der Froschstein. Wie ein riesengroßer Frosch sah er über alle anderen Steine hinweg. Darum wurde er von uns Buben auch ständig erklettert, und um seine Besetzung gab es manchmal kleine Kämpfe. Räuber-und-Gendarm- sowie Indianerspiele mit Pfeil und Bogen waren an der Tagesordnung. Folgte man aber dem Waldweg oberhalb des Mini-Steinmeeres, der nach Granesau führte, gab es für den, der Sinn für die Schönheit der Natur hatte, sehr viel zu sehen. Links und rechts die weißen Birkenstämme, deren Kronen sich oben schlossen. Trotzdem war es kein finsterer Wald, denn das frische Grün der Blätter machte ihn hell und freundlich. Darunter bot der fruchtbare Waldboden eine vielseitige Vegetation. Verschiedenförmig und ungleich groß waren Flecken mit weichen Waldgras, das vom Vieh bevorzugt wurde und Hirten von weither anzog. Daneben wuchs Heidelbeerkraut mit seinem hellen Grün, an das sich die dunkle Schattierung der Preißelbeersträucher anschloss und einen guten Kontrast dazu gab. Aber auch das Heidekraut (Erika) fehlte nicht. Besonders dort konnte man körbeweise Steinpilze, Rotkappen, Birkenpilze und Pfifferlinge (Eierschwammerla) finden. Wie ein Garten oder ein großer Teppich, der in allen Farben leuchtete, lag dieses Waldstück vor dem, der einen Blick für Naturschönheit hatte. Hier war sogar der Himmel grün. Nur dort, wo das Firmament durchschaute, waren weiße und blaue Flecken.

Ein Stück weiter kam ein Hohlweg mit sandigem Boden. Dort hatten links und rechts davon die Füchse ihr Zuhause. Hier konnten sie leicht Röhren für ihren Bau graben. Deshalb hieß diese Stelle auch „bei den Fuchslöchern". Bog man aber hinter den Fuchslöchern vom Weg ab, dann lag etwas tiefer im Wald das Wasserbassin. Hier wurden mehrere Quellen gefasst, und von diesem Hochbehälter aus lief das gute Wasser, ohne gepumpt zu werden, nach Grünlas hinunter. Ja, das war unser schöner Grünlaswald. Wir haben einen Teil unserer Kindheit und Jugend dort verbracht. Was für eine herrliche Zeit war es damals für uns. Doch es war wie immer im Leben: Man lernt Werte erst dann richtig schätzen, wenn man sie verloren hat.

Aber jetzt wieder zurück zu unserm Brünnerl. Im Sommer herrschte dort immer reges Leben. Damals gab es in den meisten Häusern zwei bis drei Ziegen, die dann nach der Schule von den Kindern gehütet werden mussten. Und weil es beim Brünnerl das beste

Futter gab, fanden sich auch alle da ein. Dann war hier immer etwas los. Das Vieh war meist sich selbst überlassen, denn die Kinder beschäftigten sich mit irgendwelchen Spielen. Dadurch kam es oft vor, dass die älteren Ziegen verschwunden waren, da diese das frische Birkenlaub bevorzugten, das sie sich, auf den Hinterbeinen stehend, von den halbhohen Bäumen holten. Weil sie aber in nächster Nähe um das Brünnerl keine so große Auswahl mehr hatten, suchten sie sich ihre Leckerbissen in der weiteren Umgebung. Wenn dann zum Heimtreiben die Ziegen nicht da waren, wurde gerufen, „Heee((d)l, Heee(d)l". Die meisten Ziegen kannten ja den Ruf ihres Hirten und kamen zurück, aber einige taten es eben nicht, dann begann das große Suchen.

Weil sich das weiche Wasser des Brünnerls vorzüglich zum Wäschewaschen eignete, wurde es sehr oft für diese Zwecke nach Hause geholt. Viele Frauen brachten auch die gewaschene Wäsche in Körben und Schubkarren zum Brunnen, um sie nochmal nachzuspülen. Für die weiße Wäsche gaben sie dann etwas Wäscheblau in das Spülwasser. Danach hatte die Wäsche einen herrlichen Seidenglanz. Manchmal trafen sich hier auch mehrere Frauen, die dann nach getaner Arbeit noch ein Schwätzchen hielten. Als eines Tages wieder ein paar Frauen beisammenstanden, merkten sie nicht, dass sich eine weiße Ziege näherte. Da schrie plötzlich eine der Frauen: „Seht euch doch mal die Ziege an, die hat ja einen ganz blauen Kopf!" Da sagte die andere: „Ach, Gottogott, die hat ja mein Wäscheblau!" Die neugierige Ziege hatte sich das Päckchen mit dem blauen Pulver aus dem Korb geholt und schüttelte es, dass es nur so staubte. Das Tier sah wunderschön aus, weiß mit blauem Kopf, eine seltene Zucht. Die Ziege muss großen Spaß an ihrer Errungenschaft gehabt haben, denn als die Frauen die Verfolgung aufnehmen wollten, verschwand sie mit großen Sprüngen in den Wald.

So hat sich unser Brünnerl wohl so manches Spiel und so manchen Streich mit angesehen und sich darüber gefreut. Wie einsam wird es jetzt an diesem einst so schönen Fleckchen unserer früheren Heimat sein. Wie man hört, soll dort alles zugewuchert sein. Vielleicht ist die Quelle inzwischen auch versiegt oder es ist daraus ein Sumpfloch geworden. Aber in unserer Erinnerung bleibt es so, wie wir es kannten, unser Brünnerl.

Oben links auf der Landkarte ist Elbogen (abgedruckt mit freundlicher Genehmigung des Helmut Preußler Verlages).

Ein Jugenderlebnis

Die Landwirte von Elbogen, vom Kaltenhof und der Schäferei hatten Pachtland im Zinngraben. Eigentümer war die Stadt Elbogen. Der Zinngraben war ein großes Gebiet, das sich unterhalb vom Angerl bis hinüber zum Schmiedwald und von da ab als Tal bis zur Hansheiligstrasse an der Eger hinab zog. Oben von der Schäferei her zog sich die Niglreiter, das waren Felder und Wiesen, die jäh von einem hohen, bewaldeten Steilhang unterbrochen wurden. Unten waren wieder Wiesen, die sich über das Tal zogen. Dort entsprang auch das Zinngrabenbächlein, dessen klares Wasser, munter über die Steine springend, zur Eger hinunter eilte. Hier her führte von Elbogen kommend, über die „Hohen Stadln" ein befestigter Feldweg, an dem links und rechts Vogelbeerbäume standen. Er ging weiter bis zur Wildenau. Vor dem Schmiedwald kreuzte er einen ähnlichen Weg, der von der Eger herauf kam und am Waldrand weiter nach oben zur Schäferei, nach Horn, zum Schmalenhof und dort wieder hinunter zur Eger in Richtung Aich führte. Es war eine schöne Gegend. Viele Elbogener gingen an Sonn- und Feiertagen dort spazieren.

Auf einer Weide an diesem Weg musste ich oft Kühe hüten. Es war ein sonniger Nachmittag, und ich war gerade am Bächlein, um meinen Durst zu stillen, als von den "Hohen Stadln" her zwei Reiter kamen. Reiter an Werktagen waren damals selten, denn alle Leute waren ja bei der Arbeit. Sie hatten die Sonne im Rücken, und ich konnte nicht erkennen, wer sie waren. Als sie näher kamen, sah ich, dass es ein Mann auf einem Schimmel und eine Frau auf einem Braunen waren. Neugierig ging ich noch eine paar Schritte näher an den Weg, um diese beiden besser sehen zu können. Es war ein älterer Mann, der kerzengerade auf seinem Pferd saß. Er hatte weiße Haare und einen weißen Spitzbart. Die Frau könnte ich heute nicht mehr beschreiben, denn der Mann zog mich an wie ein Magnet. Da plötzlich wusste ich, wo ich in schon gesehen hatte: In unserem Klassenzimmer hing ja ein Bild von ihm. Es war der Präsident der ČSR, Thomas Garrique Maşaryk. Ich machte schnell eine Verbeugung und grüßte.

Er lächelte und hob die Hand. Ich stand wie angewurzelt da und schaute hinterher, solange ich die Reiter sehen konnte. Sie ritten am Waldrand hoch, in Richtung Schmalenhof. Daheim angekommen, erzählte ich sofort, was ich erlebt hatte. Aber man wollte mir nicht so recht glauben. Darum erzählte ich es am nächsten Tag unserem Lehrer, Herrn Stöckel. Zu ihm hatten wir Vertrauen, er nahm uns stets ernst und erklärte dann vieles. Er erzählte uns dann, dass Maşaryk schon öfters in Karlsbad gewesen war und von dort aus auch Elbogen besucht hatte. Bei schönem Wetter wählte er dann, hoch zu Ross, diesen romantischen Weg durch das schöne Fleckchen Natur.

Die Rumpelbuben vom Kaltenhof

Ein schöner Brauch unserer alten Heimat war das alljährlich in der Karwoche von uns Buben übernommene Rumpeln. Am Gründonnerstag, wenn früh um sieben Uhr in Elbogen die Glocken vor Beginn der Karzeit, das letzte Mal läuteten - es hieß im Volksmund, die Glocken sterben – begann für uns jedes Jahr unsere schöne, aber manchmal beschwerliche Aufgabe. Der Brauch verlangte, dass wir uns unmittelbar nach dem letzten Glockenschlag an einem fließenden Wasser waschen mussten. Weil man die Elbogener Glocken bei uns am Kaltenhof nicht immer gut hören konnte, liefen wir am Gründonnerstag schon zeitig querfeldein, zirka zwei Kilometer bis in den Zinngraben, am Rande des Schmiedwaldes, wo ein frisches Bächlein plätscherte und wo die Elbogener Glocken gut zu hören waren. Oft war das Gras nass oder gefroren, und wir hatten manchmal nasse Füße, bevor wir dort ankamen. Hier warteten wir auf den letzten Glockenschlag der Elbogener Kirche, dann wuschen wir uns in dem eiskalten Wasser des kleinen Bächleins.

Um neun Uhr musste das erste Mal gerumpelt werden, es war sozusagen die Premiere. Mit unseren, teilweise einen tollen Klang von sich gebenden Kästen wollten wir natürlich einen guten Eindruck machen, und wir bemühten uns ganz besonders, gleich zu Beginn der alljährlichen Aktion unsere Leistungsfähigkeit unter Beweis zu stellen. Unsere Tour begann am Grünlasberg, an der Grenze Kaltenhof – Grünlas, wo beim Haus Rödig die neue Straße zum Kaltenhof die alte kreuzte. Oft wurden wir vor den Häusern schon von den Bewohnern erwartet. Unser Weg führte uns die ansteigende Straße hinauf, bis zum Fimmel Wirtshaus. Dort gegenüber stand eine große Linde, an der mehrere Heiligenbilder befestigt waren. Darum hieß die Linde auch der Bilderbaum. Hier mussten wir das erste Mal beten. Nun gesellten sich auch die Jüngsten des Dorfes mit ihren Klappern und Ratschen zu uns, für die der Weg in den Zinngraben noch zu anstrengend gewesen wäre.

Auf dem Fahrweg des Dorfes, ging es jetzt weiter bis zum Haus Hippmann, wo bei der in einer Mauernische angebrachten Muttergottes erneut gebetet wurde. Der nächste Weg führte uns hinunter bis zum Haus Dörfler. Dort bogen wir rechts in das neue Sträßchen ein, das zu den Häusern Hojer, Marschek, Grillmeier und Jobst führte und erreichten dann bald das Berglhaus. Jetzt kam der schwierigste Teil der Strecke, direkt an der Porzellanfabrik vorbei. Weil die hohen Gebäude der Fabrik den Schall über das ganze Dorf warfen, musste hier der Takt unserer Rumpelkästen ganz genau stimmen. Wir waren jedes Mal froh, wenn wir diesen Abschnitt gut hinter uns hatten und von unseren Kritikern wurde uns nachgesehen, wenn wir hier an der Fabrik ordentliche Arbeit geleistet hatten. Weil der Kaltenhof kein geschlossenes Dorf, sondern ein Streudorf mit großen Grundstücken ums Haus war, hatten wir Rumpelbuben doch ziemliche Entfernungen zu bewältigen. Das letzte Stück führte auf dem Dorfweg hinunter, bis zum Haus Erben, fast am Spinnelteich und wieder zurück zum Brückner-Hof, wo bei einem Heiligenbild an der Eiche und einem Marterl nochmals gebetet werden musste. Für unsere Jüngsten war dort Endstation, und sie gingen wieder nach Hause.

Doch wir Größeren hatten nun noch den Weg in unsere Außenstationen vor uns. Zunächst ging es zur Hühnerfarm an der Kaiserstraße, dann zum Pfeiffer-Wirtshaus und dem Harbacher-Hof an der Abzweigung der Straße nach Hunschgrün-Chodau. Die nächsten Stationen waren dann die Schäferei und der Schmalenhof, ganz hinten am Schmiedwald. Auf dem Heimweg rumpelten wir noch an den Häusern der vorderen Schäferei, Laab und Flachs, dann hatten wir die erste Tour mit gut acht Kilometer hinter uns. Bis zum nächsten Start blieb uns gerade noch soviel Zeit, etwas zu essen, dann mussten wir schon wieder aufbrechen. Insgesamt hatten wir diese Tour elf Mal hinter uns zu bringen. Am Karsamstag gingen wir dann nach unserer letzten Tour von Haus zu Haus und sammelten, was uns gereicht wurde. Viele Leute warteten schon auf uns, und oft wurden wir für unseren Fleiß gelobt. Nach den Strapazen war dieses Lob für uns eine Wohltat. Die gesammelten Gaben wurden so gerecht wie möglich aufgeteilt und die Rumpelkästen wieder für ein Jahr zur Ruhe gelegt.

Es gab damals auch Eltern, die meinten, unsere Kinder gehen nicht zum Betteln. Dem ist jedoch entgegenzuhalten, dass eine gehörige

Portion Idealismus dazu gehörte, diesen Brauch aufrecht zu erhalten und es nur recht und billig war, dafür auch eine kleine Anerkennung zu bekommen. Wenn man allein die Wegstrecken rechnet, die wir Buben bei dieser Aktion zu bewältigen hatten – wir legten jedes Jahr fast 90 Kilometer zurück. Dann waren die paar Kronen oder Heller, die unser Taschengeld etwas aufbesserten, sicher gerechtfertigt. Bei uns Kaltenhofer Rumpelbuben waren es insbesondere die weiter entfernten und eigentlich zur Gemeinde Horn gehörenden Außenstellen, die ins Gewicht fielen, aber da die Horner Buben nicht dorthin gingen, übernahmen wir sie. Gerade der Pächter des Schmalenhofes begrüßte es sehr, dass wir Kaltenhofer Buben kamen, und meinte, wir sehen das ganze Jahr nicht viele Leute, da sind wir froh, wenn ihr kommt. Und wir gingen auch gerne zu dem drei Kilometer entfernten Schmalenhof, weil wir dort jedes Jahr fünf Kronen und zehn Eier bekamen. Wer würde das heute dafür tun? Es ist schade, dass diese Bräuche schon ganz der Vergangenheit angehören. Wir waren die letzte Generation, die diese noch miterleben durfte, und erinnern uns gerne an die zwar anstrengenden, aber trotzdem schönen Tage, die für uns einfach jedes Jahr zur österlichen Zeit gehörten. Allen jenen damaligen unseres Dörfchens, die uns Rumpelbuben Freude und Anerkennung zeigten, noch ein herzliches Dankeschön.

Der letzte Maibaum in Grünlas

Wie überall im Egerland wurde auch in Grünlas alljährlich ein Maibaum aufgestellt. Der Förster vom Schmiedwald spendierte dazu eine schöne lange Fichte, die dann von den Veranstaltern und Helfern an einem Samstag gefällt und ausgeästet wurde. An der Spitze blieben auf zirka 1,5 Meter die Äste dran, die das sogenannte Giewerl bildeten. Ein Langholzwagen wartete bereits im Wald, wenn der letzte Streifen Rinde geschält war. Dann wurde der Baum auf den Wagen gerollt, festgebunden und ab die Fuhre nach Grünlas.

Der letzte Maibaum von Grünlas sollte nicht, wie es sonst üblich war, im Hof des Stoawirtshauses oder auf dem See stehen, sondern am neuen Sportplatz hinter der Porzellanfabrik. Am 1. Samstag im Mai hatten schon einige Freiwillige das Mastloch ausgehoben, Mädchen das Giewerl mit bunten Papierstreifen geschmückt, und mit Hilfe vieler Männerarme wurde der 25 Meter hohe Maibaum aufgestellt und fest in der Erde verankert. In der darauffolgenden Nacht musste der Baum bewacht werden, denn es kam doch manchmal vor, dass junge Burschen aus Nachbardörfern Maibäume umwarfen oder beschädigten, um selbst den schönsten zu haben. Am Sonntagnachmittag zogen dann die Plotzknechte, das waren die Burschen, die den Maibaum umtanzen wollten, von einer Musikapelle begleitet, vom Stoawirtshaus aus durch das Dorf und holten ihre Tanzpartnerinnen, die Plotzmoilla, ab. Diese waren festlich gekleidet und trugen breite, verschiedenfarbige Schärpen. Wie auch in den früheren Jahren waren es vier Paare.

Fast niemand hielt es daheim, als diese Prozession, die Musik vorne weg, durch das Dorf zog. Wieder fuhr der Dutz-Wenz mit seiner Kuh und dem Wagen hinter den Tanzpaaren her. Dieses Gespann allein war schon eine Rarität. Der Wenz hatte eine Zipfelmütze auf, ein zerrissenes dunkelweißes Hemd an, die Hose bis zu den Knien hochgekrempelt und die Beine so angestrichen, dass es aussah, als hätte die Kuh Durchfall gehabt und er hätte ahnungslos daneben gestanden. In der rechten Hand schwang er einen Peitschenstiel, von dem ein Bindfaden mit einer Blume baumelte. Sogar seine rotbunte Kuh hatte er geschmückt. Am Stirnbla(tt)l des Geschirres waren Blumen und frisches Birkenlaub befestigt. Deshalb machte die Schnecke wahrscheinlich die ganze Narretei mit. Aber sicher hätte sie doch lieber am Blousa in einem Kleefeld gefressen. Hausrat, Stiefelknecht und allerhand Geraffel (Zeug) hingen hinten am Wagen.

Ab und zu machte Wenz einen Handstand und hatte so die Lacher auf seiner Seite. Als die Prozession den neuen Sportplatz erreicht hatte, ging es beim Maibaum schon hoch her. Vier Holzhauer mit Äxten, Zugsägen und Seilen warteten auf den Förster, weil dieser ihnen den Baum verkaufen sollte. Als er endlich kam, wurde um den Preis gefeilscht. Die Holzhauer wollten den Baum so billig wie möglich, aber der Förster war anderer Ansicht. Sie konnten sich nicht gleich einig werden. Da banden die Holzhauer den Förster kurzerhand an den Baum. Als zwei Holzhauer mit einer Zugsäge hinter ihm am Baum anfingen zu sägen, bekam er es mit der Angst zu tun und versprach mit zitternder Stimme, dass er ihnen den Baum schenke. Nun wurde er los gebunden und alle Beteiligten waren zufrieden.

Während dieses Handelns spielte die Musik, und die Tanzpaare schwenkten mit viel Schwung um den Baum. Plötzlich richteten sich alle Blicke auf das Essentrochweibl, das sich schimpfend und schwitzend seinen Weg durch die Menge bahnte. Ein Mann hatte sich als Frau verkleidet und ein Kopftuch tief ins Gesicht gezogen. Sein Rücken krümmte sich unter der Last eines Buckelkorbes. Die größte Freude bereitete den Zuschauern der Nachttopf in seiner rechten Hand. (es war natürlich ein neuer von der Firma Kämpf!). Dieser weiße Nachttopf war bis zum Rand mit Bier gefüllt. Die Außenflächen zierten ein paar Senfflecken, was recht zweideutig aussah. Die Zuschauer lachten, schrien und applaudierten vor Vergnügen. Die durstigen Holzhauer und der Förster ließen den Topf fleißig von Mund zu Mund gehen. Dann wurde dem Weibl der Korb abgenommen. Beim Auspacken kamen Semmeln, Wiener Würstchen vom Schuster-Fleischer und zum Schluss noch ein Nachttopf voller Senf zum Vorschein. An der Außenfläche waren, so wie es sich gehörte, wieder einige Senfschmierer.

Endlich konnte die Brotzeit beginnen. Die Würstchen wurden bis zur Hälfte in den Senf getaucht und hochgehalten, damit alle sie sehen konnten. Lachsalven ertönten, die Stimmung erreichte ihren Höhepunkt. Als nun die Holzhauer gestärkt waren, gingen sie an die Arbeit. Die Tanzpaare waren froh, dass es endlich so weit war, denn sie tanzten schon fast eine Stunde auf dem Rasen. Das war ganz schön anstrengend. Auch der Förster trat wieder in Aktion. Er forderte die Zuschauer auf, eine Fallschneise für den Baum freizugeben. Während die Äxte noch einmal geschliffen wurden, kletterte ein Bursche mit Seil bis zur Hälfte des Baumes hoch und befestigte es dort. Beim Umschneiden musste daran gezogen werden, damit der Baum auch dahin fiel, wohin er sollte. Nachdem die Fallkerbe unten in den Stamm geschlagen war, wurde ernsthaft mit der Zugsäge gesägt. In der Zuschauermenge wurde es still. Mancher hatte ein bisschen Angst, dass der Baum ihn nicht treffen könnte. Aber die meisten betrachteten den schönen Baum, bevor er fiel.

Noch wehten die bunten Papierstreifen oben im Gipfel. Aber schon bald wurde das Seil von einigen Helfern strammgezogen, und nach einigen Sekunden neigte sich dieser 25 Meter lange, sauber geschälte Stamm zur Leitn hin, in Richtung Kaiserstraße. Als er auf dem Boden aufschlug, atmeten die Zuschauer auf. Sofort stürzten sich Kinder und Jugendliche auf das Giewerl, um einen bunten Papierstreifen zu ergattern. Denn der Besitz eines solchen Papierstreifens sollte Glück bringen. Sogar oben auf der Kaiserstraße waren Spaziergänger stehen geblieben und hatten dem Treiben unten am Sportplatz zugesehen. Lachend und plaudernd zog die Menge wieder ins Dorf zurück und füllte die Gasthäuser. In den Tanzsälen wurde bis spät in die Nacht hinein zum Tanz aufgespielt. Niemand ahnte, dass es der letzte Maitanz in Grünlas werden sollte.

Grünlas und seine Umgebung:
Ein Rundblick vom Angerl vor 50 Jahren

Das Angerl war eine langgezogene Kuppe zwischen Elbogen und Kaltenhof und war der höchste Punkt der darüber verlaufenden Kaiserstraße zwischen Falkenau und Karlsbad. Es lohnte sich, hier einen Moment zu verweilen, denn von dieser Kuppe aus hatte man ein vielseitiges Panorama vor sich. Elbogen konnte man von da aus nicht sehen, es lag hinter den „Hohen Stadln" tief im Tal. Aber in dieser Richtung sah man den Krudum und bei gutem Licht sogar die Kempf-Warte. Nach Süden hin grüßte der Kaiserwald, dem sich der Ziegenrücken anschloss. Es war ein riesiges, welliges Waldgebiet, an das sich nach Osten hin und etwas vorgelagert der Schmiedwald lehnte.

Vor uns fiel das aus Feldern und Wiesen bestehende Gelände sanft bis zum Zinngraben ab. Dort gab es nur Wiesen an Steilhängen und unterschiedlich hohen Baumbestand, dort balzten sogar die Birkhähne. Ein kleines, sauberes Bächlein trug den gleichen Namen und eilte zur Eger hinunter. Wie oft habe ich davon getrunken!

Am gegenüber liegenden Hang lag der Schmiedwald, an dessen Saum man einen Teil des Weges sah, der von der Eger herauf, über große Steinplatten, zur Schäferei sowie zum Schmalenhof und nach Horn führte. Nach Osten hin stand das Wahrzeichen dieser Region, der Horner Berg. Damals hatte er noch seine volle Größe und sah aus wie ein zur Hälfte abgebrochener Zuckerhut mit abgerundeter Spitze.

Schon von weit her sichtbar, wies er jedem, der in seiner Nähe wohnte oder aus der Ferne zurück kehrte, den Weg, als wollte er sagen: „Hier ist deine Heimat." Doch das Schicksal spielte uns allen mit. Wir wurden von dort vertrieben, und vom Horner Berg ist inzwischen kaum noch etwas übrig geblieben. Denn so wie man bei Falkenau und Neusattl die Kohle in noch nie dagewesenem Umfang im Tagebau fördert und dadurch eine Mondlandschaft hinterlässt, so ging man auch unserem Horner Berg zu Leibe.

An seinem Fuße konnte man den größten Teil der Ortschaft Horn erkennen. Doch davor lag, greifbar nahe, die Schäferei. Auch das Betonband der Kaiserstraßen konnte man bis Horn verfolgen. Von dort fiel das Gelände dann bis hinunter nach Karlsbad. An der Abzweigung nach Chodau stand das Pfeiffer-Gasthaus. Dort hieß es „Am hinteren Kaltenhof ". Früher wurde da der Maibaum aufgestellt und umtanzt, was Besucher von weither anzog. Etwa einen Kilometer vor uns lag das Dorf Kaltenhof, dessen Gasthaus einladend durch die Kastanienbäume lugte. Der Ort selbst lag von Bäumen verdeckt dahinter. Man sah nur eine Reihe Häuser an der Straße nach Grünlas.

Der weite Rundblick nach Norden wurde Wanderern durch eine größere Gruppe Bäume, die am Rande der Kuppe standen, verwehrt. Aber man brauchte nur 150 Meter weiter in Richtung Elbogen zu gehen und man hatte, bevor man die erste Serpentine erreichte, ein völlig anderes Bild vor Augen. Vorher möchte ich noch erwähnen, das die Kaiserstraße von hier aus drei Kilometer in ständigem Gefälle und mit vielen Kurven, an einem hohen Hang entlang, der zur Linken weiter nach oben ging und rechts steil abfiel, nach Elbogen führte. An der Talseite war durchgehend ein Bürgersteig, der sich bei gutem Wetter vieler Passanten erfreute, denn die Aussicht von hier konnte man immer wieder in sich aufnehmen. Wie eine Schale lag ein großes, dicht besiedeltes Gebiet vor einem, das von der Kaiserstraße aus steil abfiel, unten flach auslief und weit drüben vor dem Erzgebirge wieder anstieg. Das Erzgebirge bildete von Norden bis Westen den äußeren Rahmen dieses Bildausschnittes.

Hier stand man hoch über Grünlas. Der Steilhang vor uns war die „Leit'n", das Wintersportgebiet der Grünlaser Jugend. Unten im Vordergrund des Dorfes lagen der Hofteich und die Porstmühle. Links im Ortsbild stand die Porzellanfabrik mit ihren großen Gebäuden und dem rauchenden Schornstein. Dann zog sich der Ort im flachen Tal hin bis zu den „Siebenhäusern". Mitten durch das Dorf schlängelte sich der Bach. Links davon lag die Glashütte, ein großes Industriewerk und der gleichnamige Ortsteil von Neusattl. Rechts schloss sich das Dorf Granesau an. Die Industriestadt Chodau lag von hier aus in einer Senke, man sah nur die hohen Schornsteine der Fabriken. Bei gutem Wetter konnte man weit im Hintergrund einige Vorgebirgsdörfer erkennen, und sogar der Peindelberg in der Nähe von Neudeck war zu sehen.

Weiter nach Westen hin lag von hier aus gesehen, zwischen Wintersgrün und Albernhof der Unionsschacht, „der Puscher". Dann kam der Neusattler Bahnhof und daneben der Kaiserschacht. Von dort zog sich Neusattl weit hinunter bis Neugrünlas. Ab Neugrünlas sah man die Bahnlinie, die in großem Bogen zur Porzellanfabrik und der Grünlaser Haltestelle, herunterkam und weiter durch das Grünlastal nach Elbogen führte. An der Haltestelle lief parallel zum Bahngleis ein Sträßchen bis zur Sorg, von da ab war es nur noch ein viel begangener Fußweg, zu dem sich aber der Grünlasbach, recht munter plätschernd, dazugesellte. Gleich hinter der Sorg Richtung Elbogen engte sich das Tal ein, denn so steil wie das Gelände von der Kaiserstraße zur Bahnlinie abfiel, so stieg es auf der Gegenseite wieder an. Auf der höchsten bewaldeten Kuppe dieses Gegenhanges stand die „Chemische" wie eine Vorburg von Grünlas und schaute hinab ins Grünlastal, wo diese drei Gesellen, die Bahn, das muntere Bächlein und der Fußweg, einträchtig nebeneinander in Richtung Elbogen streben.

Wenn man Glück hatte, kam sogar die Eisenbahn, „der Bockl", daher. Kam sie von Elbogen herauf und war es ein schwer beladener Güterzug, dann hatte die Dampflok Schwerstarbeit zu leisten. Wenn sie, eine dicke Rauchwolke hinter sich herziehend, angefaucht kam, dann hieß es immer, sie würde schnaufen: „Boum schâibt's â weng, Boum schâibt's â weng!" Ja, ob er noch fährt, der gute alte „Bockl"?

Sah man über die „Chemische" hinweg, dann kam oben am Waldrand, vom Sandhübel herunter, die alte Poststraße vom Sandhügel herunter, ein wichtiger Verkehrsweg von Falkenau über Grünlas nach Karlsbad. Bei der Kreuzschänke, die früher ein von Fuhrmännern viel besuchtes Gasthaus gewesen war, kreuzte sich die Poststraße mit der Verbindungsstraße von Elbogen nach Neusattl. In der Nähe dieser Kreuzung befand sich der Neusattler Friedhof, auf dem auch die Grünlaser ihre letzte Ruhe fanden.

Zwischen dem Friedhof und Neugrünlas stand ganz allein am „Blåuse", ein großes Haus, „die Waschmaschine". Dort waren früher die Pumpen vom Bauernschacht untergebracht gewesen, später war es dann ein Wohnhaus. Doch bevor wir auf der Kaiserstraße weiter gehen, werfen wir noch einen Blick hinunter auf unser Grünlas. Wie im Gebirge kam man sich hier oben vor. Wer damals da hinunter schaute, fand es schön. Aber heute beschleicht uns eine Wehmut, denn dort verbrachten wir unsere Jugend. Wir behalten das Bild so im Herzen, wie wir es vor 50 Jahren von hier oben sahen, unser Heimatdorf Grünlas.

Mit freundlicher Genehmigung des Helmut Preußler Verlages.

Das Gasthaus am Kaltenhof

Das Gasthaus am Kaltenhof war das Aushängeschild des Dorfes beziehungsweise der Gemeinde Grünlas. Mit seinem geräumigen Vorhof und den sauberen Außenanlagen fiel es jedem, der auf der Kaiserstraße zwischen Elbogen und Karlsbad vorbeikam, sofort ins Auge. Es war kein Wirtshaus, so wie man sie damals häufig vorfand. Es war zu dieser Zeit schon ein Haus für Gäste aller Schichten. Allein schon sein Äußeres lud zur Einkehr ein. Vorne an der Straße standen drei schöne Kastanien, dann kam der große Vorhof, auf dem mehrere Fahrzeuge und Gespanne Platz hatten. Bei schönem Wetter konnte der Gast auch im Garten Platz nehmen, denn dies war eine Anlage, die jedem Münchner Wirt zur Ehre gereicht hätte.

Die Kronen vieler großer Bäume schlossen sich zu einem Laubdach, der Boden darunter war sauber gejätet und mit einer feinen Kiesschicht versehen. Dort standen Tische und Stühle, und vor allem bei praller Sonne schmeckte da im Schatten ein Bier besonders gut. Aber gemütlich wurde es hier erst, wenn an lauen Abenden die Lampen zwischen den Bäumen gedämpftes Licht gaben und an Sonn- und Feiertagen leise Musik durch die offene Saaltür erklang.

Der Besitzer Karl Forster, war leidenschaftlicher Jäger und hatte dadurch viele Freunde und Bekannte in Elbogen, die sein Lokal zu schätzen wussten. Nach seinem Tode pachtete das Haus die Familie Fimmel. Herr Fimmel war zuvor Oberkellner im Hotel Weißes Roß in Elbogen gewesen. Auch seine Freunde besuchten ihn gerne in Kaltenhof. Vor dem zweiten Weltkrieg war jeden Samstag und Sonntag Tanz.

Im Herbst gab es des Öfteren an Wochenenden ein Schlachtfest. Dann blieben viele Küchen kalt, und es wurde im Gasthaus gegessen, denn frische Blut- und Leberwürste ließ man sich nicht entgehen. Wer ins Innere dieser Gaststätte kam, war von der Ordnung und Sauberkeit überrascht. Dies galt sowohl für die Familie Fimmel als auch für deren Vorgänger Karl Forster. Von einem breiten Flur, der nach hinten einen zweiten Ausgang hatte, gelangte man zur Linken in das Extrazimmer oder die Weinstube. Hier standen weiß gedeckte Tische mit Blumen.

Rechts ging man in die Schänke, das Herzstück des Gasthauses. Hier pulsierte das Leben, es wurde Karten gespielt, hatte man sich bei einem Glas Bier etwas zu erzählen, und zu vorgerückter Stunde wurden auch Vierzeiler gesungen, sehr laut und schön. Von der Schänke aus ging eine Tür nach links in die Küche und eine geradeaus in den Saal mit dem schönen Parkettfußboden. Dieser Boden war Herrn Fimmels Stolz. Ich sah ihn einmal an einem Montagmorgen nach einer Veranstaltung, wie er sein Parkett wieder auf Vordermann brachte. An die Füße hatte er Bürsten geschnallt, und er bewegte sich wie ein Schlittschuhläufer. An matten Stellen fegte er so lange, bis sie glänzten, und in Schweiß gebadet freute er sich dann über sein spiegelblankes Parkett.

In der Küche war Frau Fimmel die Chefin. Sie war aber kein Heimchen am Herd, wusste jederzeit, was in der Schänke oder im Extrazimmer los war, hatte für jeden das richtige Wort und verstand es so gut, sich die Sorgen des anderen anzuhören. Was für eine großartige Frau sie wirklich war, will ich an einer Begebenheit aus dem Zweiten Weltkrieg schildern. 1942, mitten im Krieg, war jede Vergnügungsveranstaltung verboten. Jeder Wirt wäre mit Strafen belegt worden, hätte er ähnliches unternommen. Als ich Ende November 1942 meine Einberufung bekam, traf ich den Erich Müller aus Horn. Er hatte denselben Bescheid, und wir mussten vierzehn Tage später zusammen einrücken. Da beschlossen wir, falls wir einen Wirt finden, der sich dazu bereit erklärte, noch einmal einen Tanz zu veranstalten. Wir sagten uns, mehr als einziehen können sie uns ja nicht, was sollte uns also passieren. Aber die Wirte scheuten das Risiko.

Herr Fimmel war ein korrekter Mann, darum wagten wir uns zunächst auch gar nicht hin, aber nachdem wir lauter Absagen erhalten hatten, war er unsere letzte Chance. Wir kamen schon recht eingeschüchtert in der Küche an und sagten unseren Vers auf. Herr

Fimmel wehrte ab, womit wir eigentlich gerechnet hatten. Da sagte Frau Fimmel zu ihrem Mann: „Vielleicht lässt es sich doch machen, denn die Buben sind 18 und müssen in den Krieg." Wir zwei wären am liebsten einen Meter hoch gesprungen vor Freude. Was für eine Frau war das! Sie hatte auch sofort einen Plan, wie es am geschicktesten zu machen sei. „Nur kein Plakat aufhängen", meinte sie. „Sagt es halt überall herum, dann kommen schon Leute. Dann müsst ihr es sofort in Elbogen am Polizeirevier melden. Sagt, ihr wollt euch noch mal gemütlich zusammensetzen, aber nichts vom Tanz erwähnen!"

Jetzt mussten wir uns aber sputen. Als wir in die Polizeistube kamen und vor dem Polizisten Jakob standen, sah ich unser Vorhaben schon gescheitert. War doch er es, der uns schon des Öfteren erwischt hatte, wenn an unseren alten Fahrrädern das Licht nicht brannte oder wenn wir zu dritt auf einem Fahrrad fuhren. Strafe brauchten wir aber nie zu zahlen. Nun sagten wir unser Verslein halt wieder auf, und während wir erzählten, wiegte er den Kopf, zog den Mund etwas schief, und wir erwarteten jeden Moment eine Absage. Aber plötzlich fragte er: „Wollt ihr denn auch tanzen?" Wahrscheinlich wurden wir so rot wie Tomaten, denn mit einem Polizisten war zu dieser Zeit nicht zu spaßen. Aber da fragte er schon weiter: „Habt ihr schon Musik?" Im ersten Moment dachten wir, jetzt will er uns aufs Eis führen. Doch er wollte es nicht, im Gegenteil, er kam hinter seinem Schreibtisch vor und sagte: „Ihr habt Glück, dass wir alleine sind. Von dem, was ihr mir eben erzählt habt, darf ich nichts wissen. Aber ich werde dafür sorgen, dass keine Streife vorbeikommt, gebt nur acht, dass nichts passiert."

Er gab uns die Hand und wünschte uns für die kommende Militärzeit alles Gute. Am liebsten hätten wir ihn kräftig gedrückt, denn das war ein echter Freund und Helfer. Wir suchten dann einen Musiker auf, der noch ein paar andere an der Hand hatte und uns die Zusage gab. Dann ging es mit unseren Drahteseln nach Neusattl und Grünlas. Überall erzählten wir von unserem Vorhaben, und alle waren begeistert. Natürlich erzählten wir auch der Frau Fimmel sofort von unserem Erfolg. Sie freute sich und sagte: „Na seht ihr, es hat also doch geklappt." Dabei drehte sie sich ihrem Herd zu und hatte so ein stilles Lächeln. Da hätte ich meine Mütze gewettet, dass sie bei Herrn Jakob etwas vorgebaut hatte, denn er zählte zu ihren Gästen.

Seit Tagen war trockener Frost, aber an dem Tag, an dem unsere Veranstaltung stattfinden sollte, setzte nachmittags Nieselregen ein. Es bildete sich überall Glatteis, und man konnte kaum auf die Straße. Der Grünlasberg war wie ein Spiegel. Doch gerade aus dieser Richtung erwarteten wir die meisten Besucher. Der Beginn war auf 20 Uhr angesetzt, aber außer den Musikanten und uns beiden war niemand da. Wir fragten uns schon, womit wir die Kapelle bezahlen sollten. Unsere Wirtin tröstete uns, so gut sie konnte, aber uns war das Herz schon in die Hose gerutscht. Dann kamen einige Kaltenhofer, und wir waren nun wenigstens nicht mehr so ganz alleine. Endlich trafen die ersten Grünlaser ein und erzählten, dass sie mehr zurückgerutscht als vorangekommen waren. Aber als es 21 Uhr wurde, da war unser Saal voll. Sie hatten sich tatsächlich alle den vereisten Grünlasberg hinaufgekämpft.

Es war sofort Stimmung da und die Musiker, denen wir gleich ihren Lohn gaben, trugen mit ihren flotten Weisen entscheidend dazu bei. Herrn Fimmel brauchten wir nur den Strom zu bezahlen. Wir waren unsere Sorgen los, und die Wirtin freute sich mit uns wie eine Mutter über den gelungenen Abend. Dies war dann der letzte Tanz für viele, viele Jahre und dank der Frau Fimmel und des Polizisten Jakob konnte er stattfinden. So war's im Gasthaus am Kaltenhof.

Zweiter Weltkrieg

Russland und Gefangenschaft

Im Dezember 1942 wurde ich zur Wehrmacht eingezogen. Am 1. März 1943 wurden wir nach Weiden in der Oberpfalz verlegt, dort kamen noch Einheiten von anderen Garnisonen dazu. Es waren fast nur 18- bis 19-Jährige. Wir wurden eingekleidet und marschbereit gemacht. Da ich meinen Eltern geschrieben hatte, dass ich am 1. und 2. März in Weiden bin, besuchten sie mich noch einmal. Es war ein weiter Weg für sie, bei den damaligen schlechten Zugverbindungen. Ich hatte auch gar nicht viel Zeit für sie, denn ständig mussten wir etwas anderes holen, nach dem Einkleiden schnell eine halbe Stunde zu den Eltern vor die Kaserne, dann war Essenszeit, anschließend Tornister und so weiter.

So standen die alten Leute vor der Kaserne und warteten den ganzen Tag, bis ich ab und zu mal ein paar Minuten für sie hatte, dabei merkte ich gar nicht, wie bedrückt sie waren. Erst auf der langen Fahrt nach Russland kam mir zu Bewusstsein, was es für sie war, nun auch den jüngsten Sohn ins Ungewisse fahren zu sehen, wo sie doch schon einen Sohn und einen Schwiegersohn verloren hatten. Ich sehe sie heute noch in Weiden auf dem Bürgersteig stehen, als wir am Abend kompanieweise in strammen Schritten zum Bahnhof marschierten. Ich winkte ihnen nochmals zu, sah, dass meine Mutter weinte, Vater winkte mir auch ganz verlegen zu, dann waren wir an ihnen vorbei marschiert. Zum Güterbahnhof durften sie nicht, denn dort war jetzt schon reges Leben.

Lange Züge standen bereit, es waren Güterwaggons, mit einer Lage Stroh am Boden. Bevor wir einsteigen durften, hieß es noch einmal stillgestanden, und mit Nachdruck wurde uns gesagt, dass wir größtes Augenmerk auf unser Marschgepäck zu legen hätten. Es drohten strenge Strafen, wenn etwas abhanden kam. Darüber nachdenken konnte sowieso keiner, denn wir waren in kürzester Zeit in den Zügen, und die Lokomotiven pfiffen zur Abfahrt.

Nun ging es in Richtung Russland. Keiner von uns unerfahrenen Jungen konnte sich vorstellen, was auf uns zukam. In unserer kurzen Ausbildung hörten wir nur, dass der Krieg gewonnen werden muss, und sollte der eine oder andere tatsächlich Pech haben, sei es ja immer noch eine große Ehre, für Führer und Vaterland zu sterben. Daher waren viele unter uns so begeistert, dass sie sich schon mit Auszeichnungen an der Brust sahen. Ich selbst war nicht sehr begeistert, konnte ich mir doch schon aus den Schilderungen meiner Brüder und meines Schwagers ein klein wenig vorstellen, wie es dort zuging, und trotzdem war dann die Wirklichkeit noch ganz anders. Dazu kam noch, dass ich gar kein guter Soldat war, mir hing der Kram zum Halse raus, wo doch daheim soviel vernünftige Arbeit war.

Es ging nicht auf direktem Wege unserem Ziel entgegen, denn bei den ständigen Bombardierungen durch die Amerikaner und Engländer wurden viele Bahnstrecken getroffen, denen wir jetzt auf Umwegen ausweichen mussten. Wir wussten nicht, an welchem Frontabschnitt wir eingesetzt werden sollten, denn einmal fuhr der Zug nach Norden, dann wieder nach Süden, bis wir erfuhren, dass es Umleitungen waren, die wir fahren mussten.

Ein völlig anderes Bild bot sich uns, als wir die deutsche Grenze hinter uns hatten und in Polen waren. Dort schien es überwiegend kleine Landwirte zu geben, die nie in Eile waren. Im Vorbeifahren sahen wir sie vor ihren kleinen Häuschen sitzen. Ein auf zwei in den Boden gerammten Pfählen ruhendes Brett diente ihnen als Bank. Dort saß der Pan, eine Pfeife rauchend und sah den Hühnern, Gänsen und Schweinen dabei zu, wie sie vor dem Haus mit Scharren, Wühlen und Schnattern beschäftigt waren. Etwas weiter graste eine Kuh mit Kalb, manchmal zwei Kühe und ein kleines Pferd.

Die Felder waren nur schmale Streifen von etwa 10 bis 15 Metern Breite, auf einem wuchs Roggen, auf einem anderen Hafer, Rüben, Kartoffeln, manchmal Weizen. Mehr brauchten und mehr wollten sie scheinbar nicht. In der kleinen Scheune wäre für mehr auch kein Platz gewesen. Heute weiß ich, dass diese Menschen ärmer und einfacher lebten als andere, aber vom eigentlichen Leben mehr hatten. Eile oder wie es heute heißt, Stress, war für sie ein Fremdwort. Unser Zug fuhr unaufhaltsam weiter. Für mich war dieses fremde Land und alles, was ich dort sah, ein großes Erlebnis. Vor dem aufgezogenen Schiebetor des Güterwaggons saß ich im Stroh und

nahm all das Neue in mir auf, es ließ mich den Krieg vergessen, denn inzwischen waren wir schon auf russischem Boden.
Jeden Tag hielt der Zug einmal an einer Bahnstation, dort gab es von der Feldküche einen tüchtigen Schlag Eintopf, auf den sich unsere jungen hungrigen Mägen schon freuten. Die Feldflasche wurde mit Kaffee (Muckefuck) gefüllt, dazu gab es ein Viertel Kommissbrot, etwas Käse und Margarine. Die Letzten saßen noch auf der Latrine, denn im Waggon hatten wir nur einen Eimer, was bei dem ratternden Zug, und vor den Augen aller, nicht jedermanns Sache war. Da pfiff auch schon wieder die Lokomotive zum Aufbruch, denn in diesem unermesslich großen Russland wurde Kanonenfutter gebraucht, so sagte man damals, aber wir jungen Dachse hatten ja noch keine Ahnung davon. Und wenn wirklich mal einem schwer ums Herz wurde, dann waren so viele Frohnaturen da, die die anderen aufheiterten und sie das Schwere vergessen ließen.
Sobald der Tag zu grauen begann, saß ich vor der Schiebetür und konnte mich nicht satt sehen, denn jetzt fuhren wir schon durch die Ukraine. Sie ist mir unvergessen geblieben, denn noch nirgends hatte ich so einen schönen, schwarzen, fruchtbaren Boden gesehen, den ich am liebsten in die Hände genommen hätte, aber der Zug hielt ja nicht da, wo ich gerne einmal ausgestiegen wäre. Die Bauern dort hatten meist drei kleine Pferde vor einem Einscharpflug gespannt und beackerten die Stoppelfelder vom Jahr zuvor. Es waren ganz dicke Stoppeln vom Mais und den Sonnenblumen. Ich dachte an daheim, wie schön es doch war, wenn im Frühling die Felder bestellt wurden.
Aber ich war schnell ernüchtert, wenn ich in die Ferne sah. Wir fuhren schon tagelang in diesem Land, ohne dass sich an der Gegend etwas änderte. Flaches, weites Land, soweit das Auge reichte. Ein Unbehagen beschlich mich, fast schon Angst. Wie verloren kam man sich vor. In meiner Heimat konnte man von einem Dorf zum anderen sehen, aber hier war es ja mehr als eine Tagesreise von der einen zur anderen Ansiedlung, denn zu dieser Zeit war der Verkehr fast nur auf Pferdefuhrwerke beschränkt.
So fruchtbar auch der Boden dort war, das Land war schlecht genutzt, ab und zu ein paar kleine, aus Lehm gebaute Katen, meist ohne Fenster oder nur mit einem kleinen. Dafür stand die Tür immer

offen. Das hatte seinen Grund, denn in diesen kleinen Häusern gab es nicht nur menschliche Bewohner. Auch die Hühner, Gänse, manchmal auch Ziegen, hatten dort ihre Unterkunft. Damit sie hinein und auch wieder hinaus konnten, stand die Tür offen. Obwohl es mich brennend interessierte, mal einen Blick in das Innere so eines Häuschens zu werfen, kam ich nie dazu, denn immer waren wir in Eile, an die Front zu kommen. Keiner von uns wusste, wo dies sein würde. Noch waren wir ja in der Ukraine, wenn auch schon sehr südlich. Die Menschen dort müssen sich ausschließlich von Mais und Sonnenblumen ernährt haben, denn ich sah nur kleine Felder, auf denen Vorjahreskartoffeln angepflanzt waren. Mais dagegen war überall.

Sogar das Stroh war lebenswichtig. Die Dächer wurden damit gedeckt. Es wurde ein riesengroßer Haufen geschichtet, der immer einen großen Hohlraum hatte. Das war der Stall fürs Vieh, das es dort im Winter schön warm hatte.

Diese einfachen Menschen konnten vielleicht nicht einmal schreiben, aber im Stapeln dieser Schober waren sie Meister. Ich habe mich oft gefragt, wie sie das wohl machen, denn das Vieh muss sich doch bis zum Frühjahr regelrecht durchgefressen haben. Noch immer war nur ein schmaler Stollen als Zugang sichtbar, der beim Verlassen dieses Stollens gleich wieder fest zugeschichtet wurde, wegen der Kälte im Winter und wahrscheinlich auch wegen der wilden Tiere.

Da es weit und breit keinen Wald gab, wurden die Kuhfladen und die Stängel der Sonnenblumen getrocknet und als Brennmaterial verwendet. Hier waren Menschen, die von der übrigen Welt nichts oder nur ganz wenig sahen. Wahrscheinlich kam in normalen Zeiten nur einmal im Jahr ein Staatsdiener vorbei, um Steuern zu erheben. Aber trotzdem sah man keine traurigen und bekümmerten Gesichter, im Gegenteil, spät abends saßen die Leute beisammen, und wir hörten die Lieder, die sie sangen, bis in unseren Zug. Was für glückliche Menschen sie waren. Sie hatten sich mit der Einsamkeit und dieser Weite abgefunden, vor der mir schauerte.

So rollte unser Zug durch diese Ebene, die nicht enden wollte. Eines Morgens, es dämmerte gerade und war noch erbärmlich kalt, denn so heiß es auch am Tage war, so kalt waren die Nächte, da hielt plötzlich unser Zug an. Durch das eintönige Rattern wurden die meisten gleichgültig und dösten vor sich hin oder schliefen. Aber sobald der Zug hielt, waren alle hellwach. Wir sahen etwa vier Kilometer entfernt eine Stadt. Wir waren in der Ukraine schon durch einige Städte gekommen, aber warum hielten wir hier, soweit davon entfernt an? Gleich gingen tolle Gerüchte um, und Nervosität war in der ganzen Zugbesatzung zuspüren. Jetzt war zu merken, wie nervenaufreibend dieses tagelange Fahren ins Ungewisse war. Um keine Unruhe aufkommen zu lassen, sagte man uns, diese Stadt ist Cherson, aber wir dürfen nicht einfahren. Die Erleichterung war förmlich zu spüren, denn Cherson lag ja fast am Schwarzen Meer, es konnte also nicht Stalingrad sein, wo wir hinfuhren, denn das war seit Tagen unsere Befürchtung, dass wir in diesen Menschen fressenden Schlund sollten. In Stalingrad selbst war ja vor kurzem erst die 6. Armee mit Mann und Maus aufgerieben worden. Aber aus strategisch wichtigen Gründen sollte die Front trotzdem gehalten werden. Und wir wussten ja nicht, dass es dort, wo wir hinkamen, noch schlechter war.

Erstmal waren wir alle erleichtert, denn in den letzten Tagen hatten wir schon ab und zu Spuren des Kampfes gesehen. Wenn auch die meisten schon älter waren, so war es doch die Wirklichkeit, der wir nun begegneten. Und die Helden unter uns, die sich die siegreichen Kämpfe schon ausmalten, wurden stiller, wenn sie die russischen Panzer sahen, die wie ausgebrannte Blechkisten dalagen, oder die Flugzeugtrümmer, die weit verstreut waren. Das Schlimmste aber war, dass ebenso viele deutsche abgeschossene Panzer und Flugzeuge dalagen, was in den Wochenschauen im Kino oder im Radio nie gesagt wurde. Eine Stuka ist mir heute noch in Erinnerung. Sie stand senkrecht da, fast bis zu den Tragflächen in den Boden gebohrt, wie ein Mahnmal. Wahrscheinlich war es während der Regenzeit passiert, denn jetzt war der Boden wie Beton so hart.

Nun ruckelte unser Zug wieder langsam an und fuhr weiter. Wir fuhren keine halbe Stunde, da hielt er wieder, aber diesmal endgültig. Denn jetzt standen wir vor einem riesengroßen Wasser und durften sogar aussteigen, uns aber nicht vom Zug entfernen.

So viel Wasser hatte ich bisher noch nie gesehen, ich dachte, es wäre das Schwarze Meer. Darum staunten die meisten von uns, als es hieß, dass es der Dnjepr ist, die Brücken wären alle gesprengt, wir würden aber von einer Fähre übergesetzt. Diese Fähre war ein Meisterwerk unserer Pioniere. Über einen Fluss, dessen gegenüberliegendes Ufer vielleicht zwei Kilometer entfernt war, waren armstarke Stahlseile gespannt, die auf jedem Ufer über große Räder liefen, die waagrecht lagen und von einem Motor angetrieben wurden. Daran waren zwei große Flöße befestigt, die sie zur gleichen Zeit, das eine am linken und das andere am rechten Ufer anlegten. Während also ein Floß nach drüben fuhr, kam das andere zurück.

Egon Brückner erzählt lebhaft aus seinem Leben.

Es waren Schienen darauf montiert, und vier Waggons hatten Platz, so wurden wir nacheinander verladen.
Weil sich der Waggon, in dem ich war, in der Mitte des Zuges befand, blieb mir etwas Zeit, so schrieb ich schnell einen Feldpostbrief nach Hause. Wie immer wenn ich irgendwo einen Ortsnamen sah oder hörte, schrieb ich ihn hinein, somit wussten meine Angehörigen immer, in welche Richtung ich fuhr. Mir blieb sogar noch etwas Zeit, mich ans Ufer zu setzen und über den riesengroßen

Fluss zu sehen, denn vor einiger Zeit war die Sonne raus gekommen, und gleich war es wärmer geworden. Was mich jetzt interessierte, waren die Flöße, sie hingen an den Seilen weit draußen im Wasser, das eine wurde immer kleiner, das andere immer größer und kam näher. Sie liefen nicht auf geradem Weg von Ufer zu Ufer, nein, sie liefen in einem weiten Bogen nach rechts, denn die Strömung war so stark, dass sie weit hinausgetragen wurden. Wäre da ein Seil gerissen, der mächtige Strom hätte ein Spielzeug gehabt, und ich fragte mich, wo kommt nur soviel Wasser her, denn damals wusste ich nicht, dass dieser Dnjepr schon einen weiten Weg von etwa 2500 Kilometern hinter sich hatte, einige riesengroße Seen speiste, oberhalb von Moskau entsprang und in weitem Bogen durch die nicht enden wollende Ukraine hierher kam.

Das Übersetzen der Flöße ging ganz flott voran, jetzt waren wir an der Reihe und strebten dem anderen Ufer zu. Während der Fahrt beobachteten wir ständig das Seil und fragten uns, ob nicht irgendwo eine schadhafte Stelle sei.

Drüben angekommen, blieb uns wieder etwas Zeit, so fragten wir unseren Kompaniechef, ob wir uns mal gründlich waschen dürfen im Fluss. Denn das Stroh war auf der langen Fahrt zu Häcksel geworden und juckte überall. Als wir die Genehmigung dazu hatten, wurde der Dnjepr im Sturm genommen. Die Seife, die es damals bei der Wehrmacht und überhaupt in ganz Deutschland gab, bestand mehr aus Ton als aus sonst etwas, aber etwas geschäumt hat sie doch. Ein alter, mit EK 1 (Eisernem Kreuz 1) behängter Feldwebel achtete streng, dass keiner ganz ins Wasser ging, denn es war durch die vergangene Nacht noch kalt. Nach der Wäsche in der großen Badewanne fühlten wir uns so wohl wie schon lange nicht mehr, und der Riesenfluss war uns wesentlich sympathischer geworden.

Provisorisch wurde ein Gleis verlegt, und der Bahnhof war fertig. Etwa 200 Meter von uns entfernt standen acht oder zehn der typischen kleinen Häuser. Und als wir wieder unserem Zug zustrebten, kamen von dorther einige russische Zivilisten, sie hatten Körbchen oder etwas in ein Tuch gewickelt, zeigten auf die Körbchen und die Tücher, aber von uns verstand keiner, was sie wollten. Zum Glück waren einige ältere deutsche Soldaten da, die bei der Fähre Dienst hatten und ein paar Brocken Russisch konnten. Sie

sagten uns, dass diese Männer ein Tauschgeschäft machen wollen. Scheinbar kamen sie immer, wenn ein Zug übergesetzt wurde. Die Männer standen jetzt vor uns, zeigten mit den Händen erst auf sich selbst, dann auf uns, dann auf ihre Körbchen.
Der eine hatte ein paar Eier, der andere etwas Ziegenkäse, und alle kauten sie Sonnenblumenkerne. Das machten sie ganz geschickt. Sie steckten einen Kern in den Mund, bissen darauf, dann flogen die beiden Schalen, wie von einem Gebläse getrieben, in hohem Bogen aus dem Mundwinkel. Der pure Kern wurde dann gemütlich gekaut. Der Nächste führte uns vor, wie er fachmännisch Zigaretten drehen konnte. Er griff in seine Hosentasche und holte etwas Tabak heraus. Da sahen wir zum ersten Mal, wie Machorka ausschaut. Er steckte ihn gleich wieder in die Tasche, nahm dann aus der äußeren Brusttasche seines Hemdes ein Stück altes Zeitungspapier, riss ein Stück von fünf mal zehn Zentimetern ab und verstaute den Rest der Zeitung wie eine Kostbarkeit wieder in der Brusttasche. Dann feuchtete er eine Seite des abgerissenen Stückes Zeitungspapier mit der Zunge an, steckte es in die Hosentasche, wo er den Machorka hatte verschwinden lassen, machte in der Tasche mit der Hand ein paar Verrenkungen, und schon zog er eine Zigarette heraus. Es war keine schöne, aber zum Rauchen ging sie. Das fand natürlich bei uns Anklang. Aber weil ich selbst nicht rauchte und Ernst nichts zum Tauschen hatte, gingen wir weiter zum Zug. Obwohl die Handtücher nass waren, mussten wir sie in den Tornister stecken, damit sie nicht verloren gingen. Dabei fiel mir ein altes Spindschloss in die Hand. An das alte Vorhängeschloss hatte ich gar nicht mehr gedacht, dazu hatte ich nur noch einen Schlüssel, und den Bügel musste ich schon mehrmals zurecht klopfen, damit er wieder in die Öffnung passte. Da sagte der Ernst: „Da hast du doch noch etwas zum Tauschen." Ich sagte: „Das alte Ding ist ja nichts mehr wert, aber zwei Eier bekomme ich vielleicht noch dafür."
Als ich auf die Händler zusteuerte, um die sich schon eine ganze Schar gebildet hatte, sah ich von den Häusern her eine alte Frau auf mich zukommen, sie hatte ein Körbchen und winkte mir von weitem zu. Ich blieb stehen und war neugierig, was sie denn will. Als sie näher kam, sah ich, wie arm sie war, barfuss liefen sie dort alle, aber ihre Kleidung kann nicht viel jünger gewesen sein als sie selbst, war

aber nicht dreckig oder schlampig. Sie war völlig außer Atem, so beeilt hatte sie sich. Sie zeigte auf meine rechte Hand, denn am Finger hing das alte Vorhängeschloss, das wollte sie scheinbar haben. Ich hielt es ihr entgegen und sagte „Hier hast Du es." Sie griff nicht danach, hielt mir ihrerseits das Körbchen hin, in dem vielleicht 20 Eier waren, sie muss das Schloss für sehr wertvoll gehalten haben. Ich hob zwei Finger hoch und sagte zwei, aber sie hielt mir immer noch das Körbchen hin und machte mit der anderen Hand Zeichen, dass ich alle nehmen soll. Ich holte mir zwei Eier raus und sagte, so ist es in Ordnung. Was wollte ich auch mit so vielen Eiern, zum Kochen oder Backen war keine Gelegenheit und roh wären sie mir kaputt gegangen in dem ratternden Zug. Hätte ich sie aber roh getrunken, wäre ich während der Fahrt nicht mehr vom Eimer runter gekommen. Noch immer hielt sie mir das Körbchen entgegen und machte Zeichen, ich soll doch mehr nehmen. Also gut, ich nahm mir noch zwei Eier für Ernst, reichte ihr das Schloss und gab ihr zu verstehen, dass sie jetzt gehen kann. Aber sie ging nicht. Da stand sie nun, die alte Frau mit ihrem vom Schicksal und Arbeit gezeichneten Gesicht, und sah mich aus hellen und klaren Augen an. Es hatte den Anschein, als wolle sie mir etwas sagen, aber ich konnte kein Russisch und sie kein Deutsch.

Ich wollte mich nicht einfach umdrehen und weggehen, wenn ich ehrlich war, so wollte ich gar nicht weggehen, denn die alte Frau strahlte soviel Güte und Vertrauen aus, dass es direkt wohl tat, nach einer so langen Fahrt im Viehwagen durch dieses unendliche Land noch einen Moment bei ihr zu verweilen. Dann sah sie auf das Schloss in ihrer Hand, legte es in das Körbchen zu den Eiern und drückte mir, mit der nun frei gewordenen Hand, ganz fest meinen Unterarm. Wahrscheinlich wollte sie mir die Hand drücken, aber ich hatte ja in jeder Hand zwei Eier. Dabei sah sie mich an und nickte mit dem Kopf, dann drehte sie sich um und ging fort.

Aber ich blieb stehen und sah ihr nach. Mit langsamen, müden Schritten, als wäre das Körbchen jetzt viel schwerer als zuvor, ging sie zurück. Doch plötzlich blieb sie ruckartig stehen, drehte sich um und kam, jetzt mit viel leichterem Schritt, den ich ihr gar nicht zugetraut hätte, wieder auf mich zu. Im ersten Moment nahm ich an, sie hätte den Handel bereut und will sich die Eier wieder holen. Doch als sie kurz vor mir stehen blieb und mich ansah, waren ihre Augen anders als vorher. Ich war kein großer Menschenkenner, aber dass in ihren Augen jetzt Angst war, das sah ich, große Angst. Wovor fürchtete sie sich, ging es mir durch den Kopf, ich hätte ihr ja so gerne geholfen, dieser alten, guten Frau, aber wie konnte ich wissen, was es war? Da hob sie die rechte Hand und machte ein Kreuz vor mir, drehte sich um und ging jetzt schneller als vorher ihrer Behausung zu.

Ich blieb stehen, bis sie in einer dieser Lehmhütten verschwand. Sie hatte sich nicht mehr umgedreht. Ich stand noch eine Weile da, denn ich konnte mir nicht erklären, was mir hier begegnete, noch nie in meinem Leben war so etwas vorgekommen. Ich war noch viel zu jung, um damit fertig zu werden und wäre wahrscheinlich noch länger stehen geblieben, hätte nicht die Lokomotive zur Abfahrt gepfiffen. Jetzt musste ich mich aber beeilen, um noch mitzukommen.

Beim Zug war schon reges Leben, wie vor jeder Abfahrt hatten die meisten noch schnell etwas zu besorgen. Vor unserem Waggon stand schon Ernst und rief: „Wo bleibst du denn so lange, ich dachte schon, du wärest unter die Partisanen geraten. Hast wohl ein gutes Geschäft gemacht mit dem alten Schloss?" „Warum", sagte ich. „Na, du hast doch vier Eier!" Jetzt merkte ich die Eier wieder. „Hier hast du zwei", sagte ich, „die machen wir aber schnell noch weg." An der Waggonkante die Eier aufgeschlagen, ausgetrunken, in den Wagen gesprungen, und ab fuhr der Zug.

Es dauerte lange Zeit, bis ich mein Erlebnis so langsam vergaß. Ernst sagte manchmal: „Kerl, was ist mit dir nur los, scheinbar bist du mit deinen Gedanken wieder einmal zuhause." Weil ich ihm öfter von daheim erzählte.

Aber jetzt war es nicht so, das Schlimmste war ja nur, dass ich mich Ernst nicht anvertrauen konnte, denn der hätte mich glatt ausgelacht. Er war in der Stadt aufgewachsen, hatte schon von der Familie her keine große Beziehung zum Glauben, glaubte an ein Pilsner Bier mehr als an einen Herrgott. Aber ein Kamerad war er, wie man ihn nur selten findet.

Um das zu erklären, will ich mal etwas vorgreifen. Als wir nach drei Wochen in die stark dezimierten Gruppen im Schützengraben eingeteilt wurden, ging ein Feldwebel nach dem ABC vor, und so kamen wir auseinander. Wir sahen uns dann nur noch selten, liefen aber zueinander, wann immer sich eine Gelegenheit bot.

Als ich dann schwer verwundet wurde und kaum Blut in den Adern hatte, aber hohes Fieber und Schüttelfrost, trug man mich in einer Zeltplane im Schützengraben zum Verbandsbunker. Die Russen schossen mit allem, was ihnen zu Verfügung stand, und es war ein mühseliges Tragen für die beiden, ich weiß nicht einmal, wer sie waren. Aber wenn man mich beim Kopf etwas höher trug, war im selben Moment kein Blut mehr im Kopf, und ich wurde ohnmächtig. Und genau dies trat ein, als man mich bei Ernst vorbei trug. Als er mich sah, schrie er die Träger an: „Ist er tot? Ist er tot?" Er rüttelte an mir, und dabei wurde ich wach. Als ich die Augen aufschlug, sagte er: „Kerl, wie siehst du denn aus, von oben bis unten voll Blut, wo überall hat es dich denn erwischt?" Aber ich war so fertig, dass ich überhaupt nichts sagte, nur: „Durst, Durst." Er gab mir seine Feldflasche, aber die war leer. Da machte er mit samt der Feldflasche einen Sprung, war draußen und lief in Richtung russische Front. Vor uns im Niemandsland war ein Brunnen, es waren nur 50 Meter bis dorthin, und wenn nachts nicht der Mond schien, holten wir dort Wasser. Bei Mondschein schossen sie uns ab wie die Hasen. Aber jetzt, wo es noch hell war, lief Ernst bei vollem Beschuss in Richtung Brunnen. Ein alter Kampferfahrener sagte: „Seht euch so einen Schwachsinn an, da setzt der Kerl sein Leben aufs Spiel, wegen einer Feldflasche voll Wasser. Den sehen wir nicht wieder, und dem da", sagte er, indem er auf mich zeigte, „hilft es auch nicht mehr, der kommt sowieso nicht durch."

Diese Worte gingen an mir vorbei, mir war sowieso egal, was er sagte. Ich glaube, dass ich sogar seine Meinung teilte. Draußen hörte man die russischen MG's. „Tak, tak, tak." Sie schossen viel langsamer als die deutschen. Der Grabenaushub war als Schutzwall zum Feind hin aufgeworfen, und von daher flog plötzlich etwas in den Graben. Es war Ernst, der im Hechtsprung angesegelt kam, völlig außer Atem, aber mit Wasser in der Feldflasche. „Hier, trink", sagte er und hielt mir die Flasche hin. Als er sah, dass mir schon das Greifen der Flasche große Mühe machte, setzte er sie mir an den Mund, und ich trank sehr viel. Entweder haben die Russen tatsäch-

lich so schlecht geschossen, als er unterwegs war, oder er hatte einen riesengroßen Schutzengel, der ihn begleitete.
Nun drängten aber die Träger zum Aufbruch, ich konnte Ernst nicht einmal die Hand geben, so schwer war sie. Auch den Kopf konnte ich nicht heben, mir war ja alles so egal. Er rüttelte noch an meiner Schulter, als die beiden mit mir weitergingen. Sein Blick hing an mir, als wär's ein Abschied für immer. Wahrscheinlich dachte er: Alter Freund, du kommst ja doch nicht durch.
Mit dieser Verletzung lag ich fast ein Jahr im Lazarett, aber ich kam durch. Wie ich später erfuhr, fiel Ernst eine Woche, nachdem er für mich Wasser geholt hatte, und blieb in Russland bei Krimskaya. Es war doch ein Abschied für immer, armer Ernst Wirkner, guter Freund.
Nun will ich aber zurückblenden zu unserer Bahnfahrt. Der Zug rollte wieder im alten Trott, und wir näherten uns der Halbinsel Krim, was wir aber damals noch nicht wussten. Weit im Süden sahen wir Berge, das Gelände wurde welliger, wir hatten diese unendliche Ebene der Ukraine scheinbar hinter uns. Ich sah, dass sich dieses Unbehagen, das dieses Land auf mich ausübte, sich auch vieler anderer bemächtigt hatte. Wir waren jetzt alle gelöster, und mancher sagte es auch, aber die meisten wollten ja stark sein und behielten es für sich.
Im nächsten Moment rollte unser Zug an einer großen Obstplantage entlang. Schön geordnet standen diese Baumreihen da. Ich lebte auf. Gerne hätte ich gewusst, welche Apfelsorten man dort zog, aber der rollende Zug brachte mich schnell in die Wirklichkeit zurück. Doch kurze Zeit danach weckte ein lang gezogener, mit Wein bepflanzter Hang mein Interesse. Wie schön war doch diese Gegend. Hätten nicht immer wieder Flugzeugtrümmer herum gelegen, man hätte den Krieg vergessen können.
Es wurde noch mal Nacht, und am anderen Vormittag kamen wir in Kertsch an. Die Stadt liegt wie am Ende eines Laufstegs, denn von der Halbinsel Krim zieht sich eine Landzunge in östlicher Richtung bis zur Hafenstadt Kertsch. Die Meerenge von Kertsch trennt das im Norden liegende Assowsche Meer von dem im Süden liegenden Schwarzen Meer. Gegenüber von Kertsch befand sich der Kuban-Brückenkopf. Dieses Gebiet ist Vorgelände des Kaukasus und sollte unser Wirkungsbereich werden. Denn seit die 6. Armee in Stalingrad

aufgerieben worden war, sollte dort unten, denn dies war ja der unterste Teil der Ostfront, ein Brückenkopf geschaffen werden, um die Russen vom Schwarzen Meer und der Krim fernzuhalten. Diese Truppen dort wurden genauso abgeschrieben, wie zuvor die in Stalingrad.

Als unser Zug in Kertsch einlief, ging alles wie immer ganz schnell von statten. Es hieß restlos alles mitnehmen, denn wir verlassen den Zug für immer. Mein Gott, wie waren wir froh, diesem Viehwagen ade sagen zu können, denn das Stroh war nur noch Staub. Hätten wir aber geahnt, was uns bevor steht, wir wären gerne geblieben.

Unsere Tornister wurden verladen und sollten an die Front nachkommen, wir haben sie aber nicht mehr gesehen. In Marschordnung aufgestellt, ging es jetzt nur mit Sturmgepäck, und schön Ordnung haltend, durch Kertsch. An der Straße standen links und rechts schöne Bäume, die Schatten spendeten. Obwohl es noch früher Vormittag war, herrschte große Hitze, dazu kam noch der Staub, den wir beim Marschieren hoch wirbelten und einatmeten.

Die meisten unserer Vorgesetzten waren verwundete Russlandkämpfer, die nach ihrer Verwundung jetzt wieder an die Front mussten. Sie sagten: „Bindet euch die Taschentücher vor Mund und Nase." Und siehe da, gleich war es besser, denn der Staub knirschte schon zwischen den Zähnen.

Als wir patschnass geschwitzt im Hafen ankamen, herrschte dort höhere Luftfeuchtigkeit und eine niedrigere Temperatur, was uns sehr wohl tat. Aber zum Wohlfühlen blieb uns keine Zeit, denn hier lagen schon kleine Boote bereit, die uns übersetzen sollten. In Normalzeiten fassten die Kähne vielleicht fünfzig bis sechzig Mann, jetzt musste eine Kompanie, also hundertzwanzig Mann, drauf, und der Bootsrand stand noch zwanzig Zentimeter über dem Wasserspiegel. Und trotzdem waren wir froh, denn diese Meerluft und das leichte Schlagen der Wellen ließen uns den Staub vergessen. Jetzt fuhr ich zum ersten Mal in meinem Leben hinaus aufs Meer, in einer größeren Nussschale, aber ich fand es schön.

Wie oft hatte ich vom bösen Meer gehört, wo hohe Wellen große Schiffe unter sich begruben. Aber dieses russische Meer war brav, obwohl auch ab und zu mal eine größere Welle über den Bootsrand kam. Wir waren alle guter Laune, die Sonne schien, eine leichte

Brise lag über dem Wasser, und Kertsch war in der Ferne kaum noch zu sehen.
Aber schon bald sollten wir dieses Meer von einer anderen Seite kennen lernen, denn der gegenüberliegende Hafen war von den Russen bombardiert und zerstört worden, deshalb mussten wir über das offene Meer ausweichen und einen weiter südlich gelegenen Anlegeplatz anfahren. Dabei überholten wir ein großes Floß, auf dem zehn oder fünfzehn Pferde waren, rund herum war ein stabiles Holzgeländer, an dem sie angebunden waren. Ein kleines Motorboot zog es langsam dahin. Was mich aber am meisten an diesem Transport interessierte, war ein Pferd, das nebenher schwamm. Vielleicht hat es gescheut, war ausgerutscht und ins Wasser gefallen, mit einem Strick war es an einen Pfosten des Geländers gebunden, nur der Kopf ragte aus dem Wasser. Das Wasser war ja warm, aber wie lange mochten die Kräfte des Tieres noch reichen, denn es war ja weit und breit kein Land zu sehen. Wenn es jemand erschossen hätte, wie viele Qualen wäre ihm erspart geblieben. In meinen Gedanken war ich so mit dem Pferd beschäftigt, dass ich meine ganze Umgebung vergaß. Weit vor uns waren weiße Streifen auf dem Wasser zu sehen. Auch die kleinen braven Wellen waren nicht mehr da, an ihre Stelle waren andere, bösartigere, getreten, sie waren höher als die Ersten und schlugen ins Boot, sodass wir schon im Wasser standen.
Was wir aber vor uns sahen, war noch entmutigender. Da kamen Wellen von ein- bis eineinhalb Metern Höhe an. Wo kamen die denn nur her, bei Sonnenschein und wolkenlosen Himmel?
In jeder Menschengruppe gibt es Besserwisser, Starke und Brutale, so auch in unserer Kompanie, und diese Leute organisierten sich auch gleich die besten Plätze, das heißt, die besten Stehplätze, denn andere waren ja nicht da, wir standen Mann an Mann. Die guten Plätze also waren vorne im Boot, denn von dort aus war die beste Sicht. Diese Helden, die sich während der ganzen Fahrt schon mit EK 1 ausgezeichnet sahen, wurden nun angesichts dessen, was da auf uns zukam, immer schweigsamer.
Wir hatten das große Glück, dass die Wellen nicht von der Seite kamen, sie kamen direkt von vorne, sodass wir direkt durch sie durch mussten. Unser Schlachtschiff war vorne etwa einen Meter

höher als an den Seitenwänden, und das war gut. Als dann die ersten Brecher über uns hingingen, schrien unsere Helden: „Hier vorne wird man ja nass!" Denn bis dahin standen sie dort etwas höher und hatten nicht einmal nasse Füße.
Wäre unser Schiffchen nicht so jämmerlich klein gewesen, ich hätte die Wogen als schön empfunden. Wie sie auf uns zukamen, die oberste Krone war weiß, das waren die weißen Streifen, die wir von weitem gesehen hatten. Sie rollten wie auf Rädern heran. Aber dann schlugen sie auch schon mit voller Wucht gegen den Bug, dadurch flogen Wasser und Gischt fünf bis sechs Meter hoch und verteilten sich über uns alle. Wir waren erstaunt, was dieses armselige Schiffchen aushielt. Kaum konnte man aus den Augen sehen, als sich das Ganze auch schon wiederholte. Unsere Helden, die das Wasser aus erster Hand bekamen, protestierten so lange, bis sie ausgewechselt wurden, was in dem Gedränge gar nicht so einfach war. Zum Glück wurde die See bald wieder ruhiger, und als wir näher an das gegenüberliegende Ufer kamen, wurden die Wellen immer niedriger. Zum Schluss waren sie wieder so brav wie zu Anfang in Kertsch.
Mir ging nicht in den Kopf, warum dieses Wasser Schwarzes Meer heißt, ich sah weder schwarzes, noch blaues Wasser, nur grünes. Von einem Hafen war an dieser Seite nichts mehr zu sehen. Wo wir anliefen, war nur das Wasser etwas flacher, und unser Schlachtschiff blieb zirka 80 Meter vom Ufer entfernt liegen. Nass waren wir ja sowieso, da machte es uns auch nicht viel aus, wenn wir mit dem Hintern unter Wasser an das Land wateten.
Es war kurz nach Mittag, und die Sonne brannte vom Himmel, als wir in einem total zerbombten Dorf Rast machten. Die nassen Sachen hängten wir in den Ruinen auf, da wurden sie schnell trocken. Von einem Brunnen haspelten wir Wasser hoch und wuschen uns das Salz von der Haut. Wären wir am Abend so nass dort angekommen, es wäre uns schlecht ergangen, denn die Nächte waren sehr kalt.
Ich setzte mich unter einen halbdürren Baum und schrieb schnell ein paar Zeilen, denn hier hatte ich einen Anhaltspunkt, wo wir in etwa waren. An diesen Baum war ein Brett genagelt, darauf stand Taman, und ein Pfeil, der nach links zeigte. Von einer Straße konnte ich nicht viel sehen, aber es sollte wohl eine sein. Überrascht waren

wir, als schon kurz nach unserem Eintreffen eine klapprige Feldküche mit zwei mageren Russenpferden davor ankam und wir einen Schlag Eintopf bekamen, dazu eine Feldflasche voll Muckefuck, ja sogar eine Tagesration Marschverpflegung. Da war doch die ganze Seefahrt schon wieder vergessen. Mit vollem Magen sah Russland viel freundlicher aus. Meinen Brief mit nur wenigen Zeilen gab ich dem Fahrer von der Feldküche mit.

Fast wie im Kasernenhof mussten wir Aufstellung nehmen, denn jetzt ging es auf Schusters Rappen weiter. Das Marschieren tat uns nach der langen Bahnfahrt, bei der wir alle lahm und steif wurden, richtig gut. Es ging so flott, als wollten wir in kurzer Zeit den Krieg gewinnen. Aber dieses Strohfeuer war rasch gelöscht, nach sechs oder sieben Kilometern gingen wir schon wie die alten Herren. Jetzt machte sich die lange Bahnfahrt bemerkbar. Das Sturmgepäck, das doch nur wenige Kilo hatte, wurde ständig schwerer, das Klappern und Schlagen der Gasmaske wurde zur Last. Als es dunkel wurde, hatten wir nur zwanzig Kilometer hinter uns und waren zum Umfallen müde. Bis dahin gingen wir immer parallel zum Wasser, mal etwas weiter ab, mal näher dran. Es hieß, wir müssten Sümpfen ausweichen. Darauf hatte von uns keiner geachtet, die Müdigkeit nimmt eben jedes Interesse.

Dass wir zügig vorankamen, dafür sorgten seit dem Übersetzen drei Offiziere, die in einem VW-Kübelwagen ständig voraus fuhren und den Weg auskundschafteten, denn Straßen gab es nicht, nur Fahrspuren und Trampelpfade. Dann fuhren sie wieder zurück, an uns vorbei, zu den weiter hinten folgenden Kompanien, um dort Order zu geben. Einer von ihnen muss ein sehr tapferer Mann gewesen sein, denn er saß alleine hinten im Auto und war mit Auszeichnungen behängt wie ein Pfingstgaul. In solcher Obhut konnte uns nicht viel passieren.

Zu dritt stolperten wir neben einander dahin, Ernst, ich und ein Mann namens Walter Zettl. Er wurde während der Ausbildung nur das Milchgesicht genannt. Wenn man seine äußere Erscheinung wertete, war dieser Ausdruck auch treffend. Er war so alt wie wir, sah aber aus wie ein Schuljunge. Beim Barras hieß es, der Soldat soll hart sein wie Kruppstahl, schnell wie ein Windhund und zäh wie Juchtenleder. Das, glaube ich, waren wir drei nicht. Lang und dürr waren wir, der Zettl noch etwas länger als wir beide. Er hatte ein schmales, fein geschnittenes Gesicht, vielleicht etwas zu blass. Er hatte beste Manieren, die ihm bei unserer Blitzausbildung mehr schadeten als halfen, denn jeder sah ihn als Weichling an. Wäre er eine Führernatur gewesen, er wäre Offizier geworden. Aber er war der friedliebendste Mensch, kam aus gutem Hause und war, bevor er eingezogen wurde, auf die Musikhochschule gegangen. Für den harten Drill, den wir erfuhren, war er viel zu feinfühlig und wurde deshalb von den meisten gehänselt. Weil Ernst und ich das nicht taten, schloss er sich uns an.

Als wir an Land gingen und marschieren mussten, keiner wusste wie weit, da dachte ich, mein lieber Walter, jetzt wird es dir schlecht gehen, musste aber zu meinem Erstaunen feststellen, dass er sich besser hielt als so manches Großmaul.

Jetzt hieß es anhalten und Zelte aufschlagen, hier wird Nachtquartier gemacht. Dazu war ich viel zu müde, am liebsten hätte ich mich einfach hingelegt und geschlafen. Aber Walter ließ uns keine Ruhe, bis das Zelt stand. Hinein kriechen und schlafen war eins. Hunger spürte keiner, nicht einmal die Kälte der Nacht.

Früh um vier Uhr wurden wir geweckt. Alle Glieder taten weh, als wir aus dem Zelt krochen. Walter stand schon draußen und zeigte zum Meer hinunter. „Kommt", sagte er, „wir laufen zum Meer hinunter und waschen uns, dann sind wir wieder frisch." Es waren auch nur zweihundert Meter, aber der Muskelkater machte uns arg zu schaffen. „Dass ihr zwei verrückt seid, gebe ich euch schriftlich! Wo mir sowieso alles weh tut", schimpfte Ernst hinter uns her, kam aber doch nach.

Das Wasser war kühl und tat uns gut. Als wir uns das Gesicht wuschen und uns das Meerwasser auf die Lippen kam, da spuckten wir, es war pure Pökelbrühe. Daran hatte von uns dreien in der Schlaftrunkenheit keiner gedacht. „Mein Gott", sagte Ernst, „mit euch kann man tatsächlich den Krieg gewinnen. Ihr werdet gleich sehen, wie wir aussehen, wenn nachher die Sonne glüht." Mit den Handtüchern rieben wir uns ab, so gut es ging, aber es brannte schon. Jetzt hatten uns die anderen entdeckt, und in Scharen kamen sie herunter. Ernst sagte: „Haltet ja die Schnauze und lasst sie schön ins Wasser, denn das kann unser einziger Trost sein, dass wir nicht

alleine so dämlich sind." Mittlerweile aber wurden die Vorgesetzten aufmerksam und ließen niemanden mehr zum Wasser.
Kaum hatten wir das Zelt abgebaut, gab es etwas Kommissbrot mit Margarine, eine Feldflasche voll Muckefuck, und schon waren wir wieder am Marschieren. Wir entfernten uns immer weiter vom Meer und kamen in hügeliges Gelände. Nach einigen Stunden standen wir vor einer Bodenerhebung, wie wir noch nie eine gesehen hatten. Es war kein Berg, der steil anstieg. Ganz sanft, aber in gleich bleibender Steigung ging es hoch, soweit man schauen konnte. Die Straße… ach, was sage ich, Straßen gab es ja keine, es waren zwei ins Gras geschnittene Radspuren, die da hoch führten. Weit oben hörten die zwei Radspuren auf und gingen als Strich weiter, bis auch der ein Ende nahm. Von dort ging es immer noch weiter, bis über der Kuppel der blaue Himmel war. Wir schätzten, wie weit es bis dahin sein könnte. Zwanzig oder dreißig Kilometer?
Unser Selbstbewusstsein, durch die Müdigkeit sowieso schon angeschlagen, sank auf null. Nach kurzer Rast begann der Anstieg. Die Sonne stand noch tief und blendete uns, sodass wir kaum die Augen offen halten konnten. Von hinten näherte sich eine Staubwolke, unsere Kundschafter kamen. Wir mussten von den Fahrspuren auf die Wiese hinaus treten, und die Herren fuhren mit Tempo an uns vorbei. Da standen wir nun in einer gelben Staubwolke. An der Zeit, bis die Staubwolke oben verschwand, konnten wir nun ausrechnen, wie viele Kilometer es zirka waren. Auf dem Gelände links und rechts wären wir wesentlich besser gelaufen, aber dort stand noch das alte Gras vom Vorjahr, etwa zwanzig bis dreißig Zentimeter hoch und total verfilzt, darum mussten wir in den Fahrspuren bleiben. Die Sonne gab ihr Bestes, gut war nur, dass ein Lüftchen ging, das Salz brannte an Hals und Gesicht. Ich nahm mein Taschentuch und band es mir um den Hals, damit die Sonne nicht so dran kam. Walter tat das Gleiche. Als ich Ernst ein Zeichen gab, dasselbe zu tun, sagte er, „mit euch will ich in diesem Krieg nichts mehr zu tun haben", und stapfte weiter. Kurz darauf tat er's doch.
Ich sah mir diesen verdammten Berg, gegen den wir ankämpften, näher an. Da war doch links und rechts, soweit man schauen konnte, kein Baum, kein Strauch, kein Vieh, nur das alte struppige Gras. Und weil es bergauf ging, kam es mir noch trostloser vor als

in der Ukraine. Walter sah mich von der Seite an und nickte mir verstehend zu, denn gesprochen wurde nur das Nötigste. Dieser schmale Junge rang mir immer mehr Achtung ab. Während der Ausbildung war er uns allen wie ein verwöhntes Muttersöhnchen vorgekommen, und wahrscheinlich war er das auch. Aber jetzt zeigte er Rückgrat, und das gefiel mir.

Es war zum Verzweifeln, wir marschierten und marschierten und merkten nicht, dass wir voran kamen, denn die oberste Kuppe blieb immer gleichweit entfernt. Wir waren schon nicht mehr mutlos, wir waren willenlos. Mit hängenden Köpfen fielen wir von einem Fuß auf den anderen. Von einem Marschieren war da keine Rede mehr, es war nur noch ein sich dahin schleppender Haufen.

Wie freundlich und wohltuend kann Sonnenschein sein, aber jetzt fingen wir an, diese Sonne zu hassen. Denn sie schien erbarmungslos, scheinbar bester Laune, auf uns hernieder. Dazu dieses nervtötende Land. In unseren Feldflaschen war längst kein Tropfen mehr, und das war das Schlimmste. Nach Wasser brauchte man nicht ausschauen, in dieser Gegend gab es absolut nichts. Die Zunge klebte am Gaumen. Da gaben uns einige Ältere einen guten Rat, „kaut etwas trockenes Kommissbrot". Ernst sagte: „Probier's mal, du wirst sehen, das Brot fällt dir trockener aus dem Mund, als du es reinstopfst." Walter sagte: „Warum nicht, probieren wir es halt." Wir hatten ja den Mund voller Staub und der erste Bissen schmeckte tatsächlich wie Lehm. Aber je länger wir darauf herum kauten, umso feuchter wurde er und half etwas gegen den Durst.

Nach einiger Zeit hieß es halten. Obwohl keiner Hunger hatte, nur Durst, sollten wir etwas essen. Wir kauten an einem Stück Brot mit etwas Margarine herum. Die Vorgesetzten achteten streng darauf, dass sich keiner hinsetzte. Als wir dann weiter marschierten, sahen wir, dass der Befehl richtig gewesen war. Denn einige, die sich im Hintergrund doch hingesetzt hatten, waren jetzt halb lahm. Weiter ging es, dem Himmel entgegen. Denn sonst war ja nichts zu sehen, nur der blaue, wolkenlose Himmel. Dann ein waagrechter Strich, der Horizont, darunter begann erst in undefinierbaren Farben diese entmutigende Gegend, in der wir uns bewegten. Etwas tiefer zeichnete sich dann ein heller Strich ab, der senkrecht auf uns zukam. Von da ab konnte man links und rechts ein Farbengemisch von

Grau, Braun und schon etwas Grün erkennen. Der halbe Strich bekam etwas weiter unten einen Weggefährten, es war ein zweiter Strich und sie gaben sich als unsere Fahrspur zu erkennen, auf der wir uns dahin schleppten.
Ich wundere mich heute, dass ich damals soviel Sinn aufbrachte, mir das alles anzusehen, wo wir doch vor Müdigkeit uns kaum noch vorwärts bewegten. Aber es war kurios, jedenfalls für mich, denn wenn man vorwärts oder besser gesagt nach oben schaute, dann erschien die Steigung durch ihre Länge doppelt so hoch, dazu die schnurgeraden senkrechten Striche. Es sah fast so aus, als müssten wir uns an einem Seil hoch arbeiten.
Aber uns beschäftigten ja ganz andere Sorgen. Am ganzen Körper gab es keine einzige trockene Stelle mehr. An dem Schweiß klebte der Staub, das Salz von der morgendlichen Wäsche brannte wie Feuer. Die Schultern und der Rücken waren schon so lahm, dass wir das Sturmgepäck und die Gasmaske gar nicht mehr spürten. In den schweren Kommissschuhen rutschte man hin und her vor Schweiß. Die Füße gingen automatisch langsam weiter. Am unangenehmsten war der Schweiß zwischen den Beinen, die meisten hatten schon „den Wolf". Aber auch hier hatten die Älteren einen guten Rat. Ein Unteroffizier sagte: „Ihr habt doch alle ein Stück Bleistift." Da meinte Ernst: „Wem will der denn von hier aus schreiben?" „Knöpft also eure Hosenlätze auf und steckt den Bleistift quer hinein. Dann kommt wenigstens etwas Luft an die Sache. Wenn aber ein Fahrzeug kommt und Staub aufwirbelt, dann macht schnell wieder zu." „Halleluja", das war wieder Ernst. Nach einer Weile sagte er: „So dumm war der Tipp gar nicht."
Inzwischen hatten wir tatsächlich schon fast die Hälfte dieser Steigung erreicht, da meldeten sich auch schon die Ersten, die Blasen an den Füssen hatten und meinten, nicht mehr laufen zu können. Da trat zum ersten Mal der Sani in Aktion. Die Schuhe und Socken wurden ausgezogen. Der Sani träufelte etwas in die Blasen, wovon die Blasenträger nicht so erbaut waren, frische Socken und Schuhe mussten sie sofort wieder anziehen. Als wir in Kertsch die Tornister abgeben mussten, war uns befohlen worden, einmal Unterwäsche und Socken in das Sturmgepäck zu nehmen. Da wussten die schon, wie viele Kilometer wir zu stapfen hatten.

Es gab wieder eine kurze Rast, denn es gab viele Blasen zu behandeln. Ich sagte zu Ernst und Walter: „Kommt, wir wechseln auch schnell die Socken." Das sahen andere und taten es auch. Schon kam der Befehl, sofort nach dem Sockenwechsel die Schuhe wieder anzuziehen, „sonst schwellen die Füße an und ihr bekommt sie nicht mehr in die Schuhe". Es hätte doch so wohl getan, die Füße ausqualmen zu lassen. Aber es war auch so schon viel besser.

Viele waren zu müde und zu gleichgültig, um die Socken zu wechseln, und ließen sich einfach in das hohe, staubige Gras fallen und streckten Arme und Beine von sich, als wollten sie für ewig hier liegen bleiben. Ernst sagte: „Wir dürfen uns nicht hinsetzen, obwohl ich es am liebsten auch getan hätte, aber so langsam fange ich an, zu glauben, was die Litzenträger sagen, also stehen bleiben." Und dann sagte er zu Walter und mir: „Seht euch diese Helden der Nation an, gestern noch haben wir gedacht, dass sie demnächst die Russen nach Sibirien jagen wollen, heute schon liegen sie hier im Staub mit offenem Hosenlatz und strecken alle Viere von sich." Aber lange konnten sie sich ihrer Ruhe nicht erfreuen. Denn die Vorgesetzten - ein Feldwebel war ja damals für uns, die wir erst drei Monate Soldaten waren, ein hohes Tier - scheuchten nun, unter Androhung von Strafe, unsere Helden wieder hoch. Ich glaube, sie hätten nichts dagegen gehabt, wenn sie zur Strafe hätten liegen bleiben dürfen.

Mit beträufelten Blasen und frischen Socken, ging es nun weiter den Berg hinan. Da kam von weit oben wieder eine Staubwolke. Die Nachschubfahrzeuge waren alle größer und auch früher zu erkennen. Aber jetzt war nur die gelbe Wolke zu sehen. Nach kurzer Zeit erkannten wir den Wagen unserer Pfadfinder. Sofort wurden die Bleistifte aus ihrer Halterung genommen, weil wir dachten, er donnert an uns vorbei.

Dieses Mal jedoch hielt der Kübelwagen beim Oberfeldwebel, der die Kompanie anführte. Wir durften wieder halten. Ein älterer Uffz. musste zu dem strengen, mit allerlei Orden behängten Offizier kommen, der neben dem Fahrer saß. Der gab ihm eine kleine Blechtasse und zeigte auf einen Kessel am Rücksitz, der einen verschraubten Deckel hatte. Dann sagte er ganz laut zu uns allen: „Ich habe euch etwas Tee mitgebracht." Sofort war uns dieser Mann etwas sympathischer. „Aber", meinte er, „es bekommt jeder nur einen viertel Liter. Denn die anderen Kompanien, die weit hinter euch sind, haben auch Durst." Er habe aber schon dafür gesorgt, dass wir am Abend Essen und Trinken bekommen. Denn hinter dem Berg liegt ein Dorf und dort wird diese Nacht Rast gemacht. Der sprach schon von der Nacht, es war ja erst Mittag. Da konnte es ja nicht mehr so schlimm werden. Die Stimmung war sofort besser.

Kaum war der Deckel des Kessels offen, da standen auch schon unsere müden Krieger mit Kochgeschirr davor. Vor einer halben Stunde konnten sie sich kaum noch auf den Beinen halten, jetzt waren sie mobiler als alle anderen. Ich sagte zu Walter: „Schau dir diese Schweine an." „Na, warte nur", sagte er.

Weil wir drei bei den Letzten waren, standen wir etwas länger in der Nähe des Wagens. Ernst ging mal ein Stück weiter und auf dem Rückweg kam er an unserem Oberfeldwebel und dem Offizier vorbei, der kurz ausgestiegen war. Schlitzohrig wie er war, ließ er im Vorbeigehen den Kopf hängen und ging ganz schleppend. Ich kannte ihn und wusste, dass er jetzt horcht, was die beiden reden. Als er ankam, sagte er zu mir: „Wenn wir Tee haben, gehen wir mal etwas abseits." Ich sah, dass ihm etwas auf den Nägeln brannte. Als wir dann mit unserem Tee, den wir gierig schlürften, im Gras standen, sagte er: „Ich werde verrückt, der Kerl hat doch etwas von dreißig Kilometern gesagt und dass wir heute noch hin müssen. Da kommen wir ja tot an. Vielleicht habe ich mich ja auch verhört, hoffentlich habe ich mich verhört", meinte er, „davon dürfen wir Walter nichts sagen." Mein Gott dachte ich, das ist doch nicht zu glauben.

Walter kam und freute sich über den Tee. Man ist doch gleich ein anderer Mensch, was doch ein paar Schluck Tee für Wunder wirken. Wie befohlen kauten wir ein paar Bissen Karo-Einfach dazu. Ich fragte: „Wie fühlst du dich?" Er meinte: „Gut wäre gelogen, aber wenn dort oben das Dorf ist, dann schaffen wir es." „Das meine ich auch," fügte Ernst hinzu.

Nun marschierten wir weiter. Man sollte nicht glauben, was ein viertel Liter Tee und die Aussicht darauf, dass wir vielleicht in kurzer Zeit das Dorf erreichen, in so einem müden Haufen für Kräfte mobilisiert. Keiner beklagte sich mehr über die Blasen an den

Füssen. Diejenigen, die ihr Sturmgepäck samt Gasmaske schon mehrmals wegwerfen wollten, waren auch ruhiger geworden. Der Stimmung nach konnte man fast sagen, es waren zufriedene Menschen.
Zu Ernst sagte ich: „Ob das deutsche Flugzeuge sind, die sich da oben rumtreiben?" Denn seit dem frühen Morgen hörten wir Flugzeuggebrumm, ganz leise, so hoch oben, wir sahen nur kleine Punkte. Aber wenn sie günstig zur Sonne standen glitzerten sie wie kleine Sterne. „Die brauchen wenigstens nicht zu laufen", meinte er. Wir kamen tatsächlich schneller voran, als noch vor einer Stunde, als wir uns nur so dahin schleppten. Hier muss ich zurückgreifen auf die Ausbildungszeit. In der Ausbildung war unser Uffz., der eine schwere Verwundung hatte, plötzlich wieder krank geworden. Da bekamen wir aushilfsweise, aber dann doch für vier Wochen, einen anderen. Der war aus dem Erzgebirge, war nicht sehr groß, hieß Fischer und schrie seine Befehle wie ein Lautsprecher.
Wegen dieses Geschreis konnte ich ihn nie gut leiden. Bis wir einmal eine Waldübung hatten. Wir mussten uns schnell von Baum zu Baum vorarbeiten, bis wir in einiger Entfernung einen grasbewachsenen Waldweg sahen. Es durfte nicht gesprochen werden. Wie im Ernstfall, meinte er dann. Darin konnten wir viel von ihm lernen. Er gab uns mit der Hand in Zeichen, dass jeder hinter seinem Baum stehen bleiben soll. Er als Uffz. war immer voran, so auch jetzt. Kurz vor dem Waldweg blieb er hinter einem dicken Baum stehen, als hätte er tatsächlich den Feind vor sich. Da ich ihm am Nächsten war, gab er mir ein Zeichen, aufzuschließen. Dabei hob und senkte er die Hand, was Vorsicht hieß. Ich achtete auf jeden dürren Ast, um nicht darauf zu treten, bis ich bei ihm war. Ganz dicht, wie er, musste ich mich an den Baum schmiegen. Dann zeigte er nach draußen zum Waldweg. Ich beugte mich vor und sah zirka achtzig Meter weiter, von der Sonne beschienen, ein Reh äsen. In diesem Moment nahm es den Kopf hoch und sicherte nach allen Seiten. Es war ein schönes Bild, wie dieses Reh dort stand, jeden Augenblick zum Sprung bereit. Dazu brachen die Sonnenstrahlen in Bündeln durch die Äste. „Und da soll mal einer drauf schießen", sagte ich. „Da hast du recht", gab er zurück. Er klatschte leicht in die Hände, das Reh flüchtete in das gegenüberliegende Unterholz, und unsere Übung

ging weiter. Zu mir sagte er, „du könntest ein Jäger sein, so wie du dich vorhin angepirscht hast". „Mein Vater ist Jäger, und ich war oft dabei", sagte ich. „Aha, ich bin auch einer", sagte er. So war zwischen uns beiden ganz schnell das Eis gebrochen. Von da an nannte er mich nur Wilddieb, und wir erzählten öfter von der Jagd. Ich wurde bei ihm Melder und musste von da an mehr laufen als zuvor, hatte aber mehr Gelegenheit, mit ihm zusammen zu sein und Jagderlebnisse zu erzählen. Oft sagte er: „Warum läufst du denn so, noch kannst du dir Zeit lassen, in Russland rennst du dann von selbst." Er kannte Russland. Wir hatten ein gutes Einvernehmen, und ich wäre für diesen Mann durchs Feuer gegangen.

Eines Morgens sagte er: „Ich hab was für dich. Gestern Abend habe ich gehört, dass in vierzehn Tagen ein Uffz.-Lehrgang beginnt. Soll ich dich anmelden?" Aber da wehrte ich ab. Meine älteren Brüder und mein Schwager waren Uffz. und sagten, als solcher bist du immer der Erste. Er sagte: „Ich hab's ja nur gut gemeint, hättest können noch vier Wochen länger in der Heimat bleiben." Als dann unser zuständiger Uffz. zurückkam, tat uns der Abschied weh.

Dieser Uffz. war bei unserem Transport. Nicht direkt bei uns. Erst nach dem Übersetzen übers Schwarze Meer war er unserer Kompanie zugeteilt worden, in einem anderen Zug. Scheinbar wollte er zu dem Oberfeldwebel, der die Kompanie führte. Als er bei uns vorbei kam, sah er mich und sagte: „Ha, Wilddieb, jetzt beginnt der Ernst des Lebens." Ich fragte, was das für Flugzeuge da oben waren. „Das sind russische Aufklärer, die haben uns schon seit heute früh im Visier. Wahrscheinlich wissen Sie schon wo wir hinwollen. Schlaft also heute Nacht nicht so fest, auch dann nicht wenn ihr zum Umfallen müde seid. Denn entweder werden wir bombardiert oder die Artillerie beaast uns, wenn sie uns erreicht. Ich weiß aber nicht, wie weit die Front noch entfernt ist. Aber still darüber, ja!"

Das war ja wieder eine Hiobsbotschaft, aber mit Ernst musste ich doch darüber sprechen. Der meinte: „Gute Nacht, Marlene, wir stehen also vor der ersten Kostprobe, nur gut, dass wir noch einen viertel Liter Tee im Bauch haben. Denn ich bin nicht überzeugt, dass wir dort hinter dem Hügel etwas zu essen bekommen." Dieser Meinung war ich auch.

So gingen wir, jeder mit wirren Gedanken im Kopf, wortlos neben einander den Rest dieser Steigung hinauf. Bei uns beiden bedurfte

es manchmal nur weniger Worte, und einer verstand den anderen. Ernst hatte auf Grund seiner Realschule den größeren Wortschatz und konnte sich dadurch besser ausdrücken als ich mit meiner Volksschule. Bei uns war es wie bei Musikern, der eine schlägt einen Ton an, der andere erkennt sofort die Melodie, wir ergänzten uns.
Da sagte Walter: „Was ist denn mit euch beiden auf einmal los? Hattet ihr Streit oder seid ihr so k.o.?" Da zeigte Ernst nach hinten und meinte: „Sieh dich doch mal um, dann siehst du, wo wir herkommen. Es besteht kein Grund, fröhlich zu sein." Ich stieß Walter an: „Lass mal, für heute reicht es halt jedem, wir werden es schon noch schaffen. Aber recht hat er, schau mal hinunter, man glaubt ja nicht, dass wir heute früh dort unten waren." Es ging weit, weit hinab, dann stieg es wieder etwas an und oben am Horizont, aber diesmal war es der Horizont hinter uns, ein schmaler, waagrechter Streifen, wie mit dem Lineal gezogen, das war das Meer. Aber von hier gesehen, jetzt wo die Sonne anders stand, war die Farbe des Wassers anders als am Tag zuvor, als wir mit unserer Nussschale darauf rumgeschippert waren.
Inzwischen hatten wir die Sonne nicht mehr im Gesicht, jetzt schien sie auf unser Sturmgepäck, was uns sehr zuschaffen machte. Wir merkten auch, dass es nicht mehr bergauf ging, konnten aber noch nicht ins Tal, auf die andere Seite schauen, denn der Rücken dieser Kuppe war nicht spitz, sondern langgezogen rund. Darum dauerte es noch eine ganze Weile, bis vorne die Ersten schrien: „Das Dorf, das Dorf!" Wir beeilten uns, dorthin zu kommen, alle freuten sich wie die Kinder. Uns ging es nicht anders, als wir dort hinunter schauten. Wir konnten plötzlich lachen. Wir hatten ja den ganzen Tag nur totes Gras gesehen, aber dort unten war Leben. Man sah die Häuschen, die nur als helle Punkte erschienen, viele Bäume. Ohne die Nachmittagssonne im Rücken, hätten wir das Dorf wahrscheinlich gar nicht gesehen. Da sagte ich zu Ernst: „Kannst du dir vorstellen, wie weit das noch ist?" „Klar", meinte er, „der Kerl hat recht gehabt, wir müssen den gleichen Berg hinunter, den wir drüben hoch sind." Es war ein Höhenzug, den wir überqueren mussten. Aber jetzt ging es ja bergab und vor uns lag das Dorf. Das hob die Stimmung und es ging viel besser voran. Walter meinte, „es ist ja noch ein Stück, aber jetzt fallen die Füße ja nach unten". Ich

fragte ihn: „Wie geht es dir denn? Sind die Füße noch in Ordnung?" „Außer der Müdigkeit nichts, nicht einmal eine Blase", war seine Antwort. Auch Ernst meinte, dass er sich in Anbetracht dessen, was noch vor uns lag, den Luxus einer Blase nicht erlauben kann.
Aber jetzt erging es uns genauso wie auf der anderen Seite. Wir gingen und gingen, kamen aber dem Dorf kaum näher. Dadurch ging die gute Laune, die auf der Bergkuppe vorhanden war, wieder verloren. Es kam wieder eine Gleichgültigkeit auf, die wir drüben bergauf gehabt hatten. So ganz langsam kam das Dorf, in Russland mochte es eine Stadt sein, näher. Und als es zu dunkeln begann, kamen wir zu den ersten Häusern. Wir sahen, dass die Ortschaft „Starotitacoskaya" hieß. Die Häuser waren niedrig, aber ein großer Garten mit Obstbäumen war um jedes Anwesen. Ein Gebäude war viel größer und höher als alle anderen. Als wollte es sagen, mit mir machst du auch noch Bekanntschaft. Was dann später auch der Fall war.

Auf der anderen Seite dieser Stellung war offenes Gelände, wo einige große Zelte standen. Auch die Feldküche war dort, wo wir Tee und einen Schlag Eintopf bekamen, den aber viele vor Müdigkeit gar nicht holten und sich stattdessen einfach dort, wo sie standen, hinfallen ließen und einschliefen. Ernst, Walter und ich saßen auf einem Hügel und löffelten den Eintopf. Dann ließen auch wir uns umfallen und schliefen sofort.

Als wir früh geweckt wurden, konnten wir uns kaum bewegen. Der ganze Körper schmerzte. Gefroren haben wir, dass wir nur so schlotterten. Erst nachdem wir etwas Tee getrunken hatten, wurden wir beweglicher, dann gab es Marschverpflegung für einen Tag und gleich darauf hieß es antreten. Und schon marschierten wir wieder, oder besser gesagt, wir schleppten uns dahin. Ernst sagte: „Wenn ich nicht so müde wäre, würde ich jetzt fluchen, aber dazu bin ich nicht im Stande."

Walter und ich sagten überhaupt nichts, denn der ganze Körper war wie durch die Mangel gedreht. Plötzlich fragte Ernst: „Wo sind denn bloß die Russen? Jetzt könnten wir sie doch leicht überrennen." Da mussten wir doch lachen. Er verstand es immer wieder, andere in der schlimmsten Situation etwas aufzumuntern.

Während unsere Glieder so langsam wieder etwas beweglicher wurden, marschierten wir an der Schmalspurbahnlinie entlang. Als dann die Sonne höher kam und wir wieder schweißgebadet dahin stolperten, da wünschten wir dieses Gestirn zum zweiten Mal auf den Mond. Mittag ging es nach einer kurzen Rast gleich wieder weiter. Plötzlich hörten wir in der Ferne Töne einer Lokomotive. Da kam doch tatsächlich eine schmalbrüstige Lok mit einigen beladenen Waggons angeschnauft. Da stellte sich unser Oberfeldwebel auf die Schienen und breitete die Arme aus und siehe da, das Schnauferl hielt doch wirklich an.

So etwas gab es doch nur in diesem unendlichen Russland, dass ein Mann, mitten in der Prärie, einen Zug anhalten konnte. Es waren nur Lokomotivführer auf diesem Schnellzug. Wir hörten, dass es noch sechzig Kilometer weit ging, dann sei sowieso Endstation. Also hieß es aufsetzen. Das taten wir sofort. Sechzig Kilometer brauchten wir nicht laufen. Dass wir auf den Gerätschaften, die für die Front bestimmt waren, saßen, machte uns nichts aus. Da hatten wir Zeit, uns diese trostlose Gegend anzusehen. Wieder sorgte Ernst für Stimmung. Er sagte: „Meine Herren, wir sitzen hier im Orientexpress, in einem erster Klasseabteil und das ohne Fahrkarte. Dieses Russland lobe ich mir." Wir waren alle so froh, dass wir nicht marschieren brauchten, dass wir ein Lied in die Prärie hinaus sangen. Nur die Älteren, die schon einmal in Russland gewesen waren, sangen nicht. Wahrscheinlich dachten sie, euch Hüpfern wird das Singen noch vergehen. Womit sie auch recht hatten.

Als wir an der Endstation ankamen, hieß es antreten. Da wurde uns gesagt, dass wir Infanteristen vom 97. Gebirgsjägerregiment übernommen werden. Weil wir aber durch die Zugfahrt so früh ankamen, müssten wir noch zehn Kilometer weiter marschieren, dort gebe es dann Abendessen, was wie immer Eintopf war. Während es auch hier nochmals Tee gab, wurde unser Kompanieführer zu einem Major gerufen.

Da ging Ernst austreten und an diesen Herren vorbei. Er kam aber sofort wieder zurück und rief mich zur Seite. Ich fragte: „Was machst du für ein Gesicht, was ist los?" Da sagte er: „Du wirst gleich genauso dreinschauen wie ich. Der Major hat doch etwas von Krimskaya gesagt, wenn wir in diesen Hexenkessel müssen, dann gute Nacht." Das gab auch mir den Rest.

Und schon marschierten wir wieder in Richtung Krimskaya. Durch die Bahnfahrt etwas ausgeruht, ging es ganz gut voran. Nur Ernst und mir waren die Beine schwer, sodass Walter nach einer Weile sagte: „Ich glaube, euch ist die Luft auf den offenen Waggons nicht bekommen." Ernst meinte, „mir scheint es auch so", und schweigend ging er weiter. Hoch über uns waren wieder diese kleinen glitzernden Sternchen, die in dem wolkenlosen Himmel vor sich hinsummten. Zu Walter und Ernst sagte ich: „Seht mal hinauf, da sind sie wieder. Ich glaube, so langsam wird es Ernst." Ich bekam aber keine Antwort.

Das Gelände wurde jetzt welliger. Als es dunkel wurde, kamen wir in ein kleines Dörfchen, mit winzigen Häuschen, aber größeren militärischer Anlagen. Es gab wieder Tee und Eintopf. Zu viert mussten wir ein Zelt aufschlagen, die Zeltplanen hatten wir ja im Sturmgepäck. Nach deutscher Art sollten die Zelte ausgerichtet, im Tal entlang stehen.

Zu Ernst sagte ich: „Die Sache gefällt mir nicht so ganz, wenn heute Nacht einige Tiefflieger mit dem MG draufhalten, ist alles verloren." Ich hatte Ähnliches von meinen Brüdern und dem Schwager gehört, wenn sie im Urlaub gewesen waren. Die anderen waren damit einverstanden, dass wir unser Zelt zirka fünfzig Meter abseits, unter einem Baum, aufschlugen. Weil es schon stockfinster war, merkte niemand, dass wir uns entfernten. Sie waren auch viel zu müde. Im Zelt schliefen wir dann auch sofort ein.

Da wurden wir plötzlich durch das Brummen eines niedrig fliegenden Flugzeuges wach. Draußen war es auch schon hell, der UVD, ein Flugzeug, hatte Leuchtkugeln an Fallschirmen abgeworfen, um den nachfolgenden Kampfflugzeugen das Angriffsziel zu beleuchten. Und schon hörten wir die schnellen Flugzeuge über uns und das Fallen zischender Bomben, die dort, wo sie explodierten, wie ein Feuerball in der Luft standen. In dieses Durcheinander kamen die ersten Hilfeschreie, „mein Bein", „mein Arm", „mein Bauch". Es war also gut, dass unser Zelt abseits stand. Im Dunkeln liefen wir dorthin, woher die Schreie kamen, aber in unserer Unerfahrenheit konnten wir gar nicht viel helfen, hier war Arbeit für die Sanis, die notdürftig Verbände anlegten. Bei Morgengrauen sahen wir, dass die meisten Bomben ins freie Land gefallen waren. Aber zwei hatten die Zeltreihen getroffen. Es gab drei Tote und viele Verletzte. Ernst war ganz anders. Er sagte: „Sieh dir dieses Unheil an, und man steht

machtlos davor." Walter meinte: „Das war kein Vorgeschmack, das ist ab jetzt die raue Wirklichkeit."
Wir drei sahen uns wortlos an und jeder dachte wohl, wer von uns wird der Nächste sein, gesagt hat es keiner. Angesichts der vielen Verstümmelten schwiegen wir alle. Es stellte sich heraus, dass auch drei von den dort stationierten Panjefahrern schwer verwundet wurden. Hier gab es keine LKW's oder Zugmaschinen mehr, denn die Front war nur noch zehn Kilometer entfernt. Von hier wurde nur noch mit kleinen Pferdegespannen gefahren. Und schon kam unser Kompanieführer und fragte: „Wer von euch hat denn Pferdeverstand? Es werden drei Mann gebraucht."
Ich stieß Ernst, der neben mir stand, an und sagte: „Komm, wir melden uns." Er meinte: „Ich weiß ja nicht einmal, wo beim Pferd hinten und vorne ist." Und Walter sagte: „Mir reichen diese Bomben, da lass ich mich nicht noch von so einem Biest erschlagen, also ohne mich." Ernst war da nicht so abgeneigt. Wahrscheinlich dachte er, besser schlecht gefahren, als die Lauferei der letzten Tage. Ich sagte: „Das bringe ich dir schon bei, da melden wir uns."
Wir kamen in eine andere Kompanie und mussten von Walter Abschied nehmen. Wir hatten alle drei Tränen in den Augen. Aber der Krieg ist eben ein raues Handwerk. Von Walter habe ich nie wieder etwas gehört.
Zum Glück waren diese Panjepferdchen lammfromm, kleine, struppige Tierchen, die tagsüber draußen grasten und nachts fleißig sein mussten. Denn wir mussten nachts zur Front, die zirka zehn Kilometer entfernt vor uns lag, und dorthin Munition und Verpflegung und was sonst noch gebraucht wurde, fahren. Auf dem Rückweg nahmen wir dann Verwundete mit. Ernst hatte ganz schnell Kontakt zu diesen gutmütigen Pferdchen gefunden. Als es dann dunkel wurde, zogen zwanzig so kleine Gespanne in die Nacht hinaus. Immer zwei, dann etwas Abstand, damit es, falls Bomben fallen, nicht zu viele trifft. Dadurch waren Ernst und ich zusammen. Es war unvorstellbar, was diese kleinen Pferdchen leisten konnten. Straßen gab es ja keine, so wurde querfeldein, bergauf, bergab gefahren, und wenn der Morgen graute, mussten wir wieder zurück sein. Denn der Russe beherrschte den Luftraum und hätte uns abgeschossen. Hätten wir gewusst, was uns alles bevorsteht, wir hätten uns nie gemeldet. Denn von einem Fahren am Kutschbock war keine Rede.

Tagsüber mussten die Wagen beladen werden, zwischendurch gab es noch andere Arbeiten. Bei eintretender Dunkelheit wurde wieder losgefahren. In diesem unwegsamen Gelände mussten die Pferdchen geführt werden. Am Schlimmsten war es, wenn dieser langsam fliegenden UVD ankam und seine Leuchtkugeln an kleinen Fallschirmen abwarf. Dann scheuten die Pferde vor dem hellen Licht, aber auch, weil sie wussten, dass gleich die Jagdflieger kommen und wie wild darauflos schossen oder Bomben warfen. So hatten wir alle Hände voll zu tun, die Pferde festzuhalten. Es wurde uns mit schwerer Strafe gedroht, ja die Pferde nicht loszulassen, damit die wertvolle Ladung nicht verloren geht. Wenn wir tatsächlich einmal beschossen wurden, hätte jeder gewöhnliche Soldat in Deckung gehen können, aber wir konnten nur beten, dass uns keine Kugel trifft. Wir mussten die verängstigten Pferde festhalten, obwohl wir selbst vor Angst schlotterten.

Am Bataillonsgefechtsstand wurden unsere Fuhren abgeladen, und wir bekamen vom Bataillonsverbandsbunker, der dort in der Nähe war, Verwundete mit, die dann auf einer Lage von gemähtem Gras lagen. Diese armen Kerle haben bei jeder Erschütterung auf diesem unebenen Gelände furchtbar geschrien. Wenn es einmal keine Verwundeten oder sonstige Rückfracht gab und auch keine Flieger da waren, setzten wir uns aufs Wägelchen. Wenn wir zurückkamen, schirrten wir die Pferdchen aus. Sie fraßen gleich wieder so langes, staubiges Gras, aber wir fielen um, wo wir standen.

So ging es drei Wochen, Tag für Tag. Da sagte Ernst zu mir: „Weißt du, dass ich der größte Trottel bin, der in Russland rumläuft?!" Ich fragte: „Warum denn?" „Und da fragst du noch", sagte er. „Ja, warum wohl, weil ich auf dich gehört und mich hierzu gemeldet habe, wie schön wird es jetzt Walter haben, der sitzt da vorne irgendwo im Graben und streichelt einen Karabiner, während wir, wenn es knallt, die alten Pferde festhalten müssen. Dazu kommt noch, dass wir nicht einmal sagen können, wir sind an der Front." „Ja", sagte ich, „du hast recht, auch ich hab mir's anders vorgestellt." So trösteten wir uns gegenseitig und schweißten so immer fester zusammen. Hätte einer die Gelegenheit gehabt, hier wegzukommen, er wäre nicht gegangen, nur damit wir zusammenblieben.

Nach einiger Zeit machte der Russe einen Großangriff und unter großen Verlusten wurde die Front etwas zurückverlegt. Als dann

wieder Nachschub an Soldaten kam, wurden Ältere mit Pferdeverstand für unsere Arbeit eingeteilt. Wir jungen Hüpfer mussten nach vorne in den Schützengraben.
Aber welche Enttäuschung gab es für uns beide: Denn ein alter Stabsfeldwebel machte die Einteilung nach dem Abc und riss uns damit auseinander. Wir kamen sogar in verschiedene Kompanien, die aber nebeneinander lagen, sodass wir, wenn es die Zeit einmal erlaubte, zueinander laufen konnten. Was aber gar nicht so einfach war, denn man konnte sich nur im Schützengraben bewegen. Außerhalb schossen die Russen, die uns zahlen- und materialmäßig weit überlegen waren, sofort. Aber dieser Schützengraben war so schmal, dass man nur seitlich darin gehe konnte. Dazu kam noch, dass da ab und zu ein Posten stand, an dem man sich vorbeizwängen musste, worüber keiner erbaut war.
Unser Graben verlief entlang eines Höhenzuges. Vor uns fiel das Gelände zirka 1500 Meter ab und stieg auf der Gegenseite genauso wieder an. Über diesen Hang kamen die Russen in Scharen herunter, als wollten sie kein Ende nehmen. Unten im Tal waren sie verschwunden, dort waren sie verschanzt. Unsere Vorgesetzten sagten: „Sie planen einen Angriff." Bei Einsetzen der Dunkelheit, mussten wir jede fünfte Patrone eine Leuchtspur nehmen, damit wir verfolgen konnten, wo wir hinschossen. Dadurch konnten wir im Dunkeln sehen, wo die Front verläuft. Was für uns beängstigend war, denn etwas weiter rechts und links, war die Front schon hinter uns. Dort waren auf der linken Seite die Rumänen eingesetzt und rechts die Italiener. Das musste der Russe gewusst haben, denn dort brach er etwas später durch. Dieser vorgeschobene Bereich, auf dem wir uns befanden, musste strategisch wichtig gewesen sein. Denn jetzt mussten wir, die Deutschen, den Russen wieder zurückschlagen, was uns auch gelang. Dadurch hatten wir große Verluste.
Unser Kompanieführer weinte, als er sah, dass mehr als die Hälfte seiner Leute gefallen oder verwundet waren. Obwohl wir so stark dezimiert waren, blieb es eine ganze Zeit still, kein Angriff. Aber zur Ruhe ließen die Russen uns doch nicht kommen. Tagsüber sahen sie ja, wo sie hinschossen, und nachts kam der UVD mit Leuchtkugeln, in deren Licht die Kampfflugzeuge kamen. Aber die größte Angst hatten wir vor der Stalinorgel. Es war ein fahrbares Geschütz,

welches ganz schnell hintereinander fünfzig Raketen, in Linie versetzt, abfeuern konnte. In diesem Bereich gab es nachher kein Lebewesen mehr, nur noch Bombentrichter.

Wenn wir nachmittags die Sonne im Rücken hatten, war es meist ruhig, denn dann mussten die Russen gegen die Sonne schauen. Da sahen wir weit in der Ferne das schneebedeckte Haupt des Elbrus, 5633 Meter hoch, der höchste Berg im Kaukasus, hieß es. Wenn jetzt Ernst dabei gewesen wäre, hätten wir für kurze Zeit den Krieg vergessen.

Nach Tagen machte der Russe wieder Druck. Wir mussten Tag und Nacht schießen, was das Zeug hält. Nur so konnten wir uns die Menschenmauer, die uns überrollen wollte, vom Leibe halten. Wenn wir nachts die Leuchtspurgeschosse verfolgten und sahen, dass links und rechts der Frontverlauf wieder ein Stück weiter hinter uns war, dann kam die Angst. Denn wir saßen da vorne auf verlorenem Posten.

Hatte man uns schon abgeschrieben? Wir rechneten uns schon aus, wie lange es wohl noch dauert, bis uns der Russe kassiert. Blieb man am Leben, hatte man nichts Gutes zu erwarten. Seit zwei Tagen bekamen wir keinen Proviant und keine Munition mehr. Es kam also niemand mehr zu uns durch.

Früh um vier Uhr, es wurde gerade grau, musste ich meine Wache antreten und den Sepp, einen Bayern, ablösen. Von weitem dachte ich, er schläft. Aber dafür war es doch viel zu kalt. Sonst freute er sich, wenn ich kam. Aber nun lehnte er mit dem Rücken an der hinteren Grabenwand und mit den Knien an der vorderen. Der Karabiner lag im Graben. Als ich näher kam, blieb ich vor Entsetzen stehen, denn sein Kopf war total zerrissen. Das Explosivgeschoss eines Scharfschützen hatte ihn getroffen. In diesem Moment wäre ich zu allem fähig gewesen, hätte ich den Kerl gehabt. Der Aushub des Grabens war zum Feind hinauf geworfen und alle fünf Meter eine Schießscharte. Vor so einer saß Sepp, tot.

In so einem Fall reagiert man unüberlegt, und ich machte einen Fehler, der mich beinahe auch das Leben kostete, denn ich sprang zur nächsten Scharte und dachte, vielleicht sehe ich den Kerl noch irgendwo. Aber darauf hatte dieser scheinbar nur gewartet.

Ich hatte meinen Karabiner noch nicht im Anschlag, als ich auch schon Feuer vor den Augen sah, einen furchtbaren Schlag vor den

Kopf bekam und in die Grabensohle fiel. Dort kam ich wieder zu mir. Ich sah, dass von irgendwoher Blut lief. Es kam von Ohr und Wange, vom Ohr fehlte ein Stück. Der Stahlhelm war total zerbeult, und mein Rücken brannte wie Feuer. Meine Beine waren in Ordnung, so schleppte ich mich zurück zum Bunker. Der Uffz. sagte: „Junge, hattest du Glück, es war ein Explosivgeschoss und hat die Stahlhelmwand getroffen und ein Stück vom Ohr abgerissen. Von der hinteren Stahlhelmwand, die nach unten zeigt, sind Splitter abgeprallt und stecken im Rücken, der stark blutet."
Er meinte: „Geh rüber zum Sani, zwei Bunker weiter, und lass dich schnell verbinden, das schaut ja böse aus." Der Sani machte mir provisorisch ein paar Pflaster drauf, denn Verbandszeug war keines mehr vorhanden. Er sagte: „Hol dein Zeug aus dem Bunker und mach dich sofort zum Bataillonsbunker auf, du brauchst am schnellsten Weg einen Arzt. Kannst du soweit laufen?" Von dort hatten wir früher mit unserem Pferdegespann Verwundete mitgenommen. Nun sollte ich dort hin. Auf diesem Weg hätte ich bei Ernst vorbei müssen, was mich etwas froher stimmte.
Ich ging wieder zu unserem Bunker zurück. Es war ja nur ein Erdloch, und ich frage mich noch heute, wo man beim Bau desselben die paar Baumstämme und etwas Reisig hergenommen hatte, denn es gab ja keine Bäume in nächster Nähe. Über das Reisig war Erde geworfen. Das war unser Bunker.
Da angekommen, suchte ich meine Habseligkeiten zusammen und legte sie beim Eingang hin. Dort saßen zwei, die abgelöst waren und aßen die letzten Krumen Brot. Einer meinte: „Heute ist mal wieder der Teufel los da draußen." Da schlugen vor unserem Eingang auch schon Granatwerfergeschosse ein. Im nächsten Moment standen zwei Russen mit MG vor der Tür und feuerten in den Bunker. Die beiden beim Eingang bekamen die erste MG-Garbe über die Brust. Sie fielen um, und Blut floss aus ihrem Mund. Ich stand in der Nähe und wollte mich durch einen Sprung zur Seite retten, da bekam ich auch schon die nächste Garbe in den Oberschenkel, dass ich meinte, mein Bein wäre ab. Ich spürte noch, wie das Blut heiß aus dem Bein schoss, dann schwanden mir die Sinne. Im Unterbewusstsein merkte ich noch, dass jemand meine linke Hand hoch hob und die Armbanduhr abnahm. Diese Bewusstlosigkeit hat mir das Leben

gerettet, denn die Russen hielten mich wahrscheinlich für tot. Sonst hätten sie mir einen Genickschuss gegeben.

Das war früh um halb fünf Uhr, abends um sechs wurde ich wieder wach und brauchte eine ganze Weile, bis ich wusste, wo ich war und was eigentlich passierte. In meiner Bewusstlosigkeit waren mir meine Mutter und mein Bruder Anton erschienen, der drei Monate vorher gefallen war. Aber meine Mutter lebte ja noch. Ich stellte mir oft die Frage, ob die beiden mir geholfen haben. Ich fand keine Antwort.

Ich konnte mich nicht bewegen, mein rechtes Bein schmerzte, als wären viele Messer darin, im Rücken war es das Gleiche. Ich dachte jetzt bin ich in russischer Gefangenschaft, und wenn sie mich in diesem Zustand finden, erschießen sie mich.

Da hörte ich auch schon Schritte vor dem Eingang. Ich drückte die Augen zu und wollte mich wieder tot stellen, denn bewegen konnte ich mich ja nicht. Zum Bunker hinunter ging der Graben bergab, sodass man zuerst die Füße der Ankommenden sah. Als ich die Augen etwas öffnete, hätte ich am liebsten geweint, denn was ich sah, waren deutsche Bergschuhe unserer Gebirgsjäger.

Wie ich dann hörte, waren Russen in unseren Bereich eingebrochen, wurden aber am Nachmittag von den Deutschen wieder zurückgeworfen. Dabei fand man mich, mein Puls schlug kaum spürbar, die beiden anderen waren tot. Nun sollten mich zwei Sani in einer Zeltbahn holen, was sie auch taten. Es war für die beiden eine mühselige Arbeit und für mich eine Qual. Denn der Graben war schmaler als meine Schultern, sodass sie mich durchreißen mussten, wobei ich vor Schmerzen schrie. Darum haben sie mich oben auf der hinteren Grabenseite getragen. Aber da wurden sie von den Russen gesehen, die sofort schossen. Die zwei braven Männer nutzten eine Ohnmacht von mir, um mich rücksichtslos durch den Graben zu ziehen.

Was nun folgt, ist die Begegnung mit Ernst, der mir Wasser holte. Als die Sani unter viel Mühe mit mir den Bataillonsbunker erreichten, stellte der Arzt fest, dass die MG-Garbe die Hälfte meines Taschenmessers, Klinge, Korkenzieher, Glasschneider und Konservenbüchsenöffner ins Fleisch hinein gerissen hatte. Durch den Durchschuss konnte man schauen. Der Arzt sagte, bei einem einzel-

nen Schuss schließt sich das Fleisch wieder. Aber das waren acht oder neun Schuss auf einer Stelle. Ich muss noch heute zurück zum Hauptverbandplatz und sofort operiert werden, die Sachen müssten raus, sonst hätte ich morgen eine Blutvergiftung.
In der kommenden Nacht lag ich dann auf so einem klapprigen, von zwei mageren Pferdchen gezogenen Wagen auf etwas Gras. Es ging querfeldein, und jede Unebenheit schmerzte. Ich wusste schon nicht mehr, wo überall, das Bein, der Kopf, der Rücken. Als ich früher so ein Gespann fuhr, waren es andere, die vor Schmerzen schrien, jetzt war ich es.
Bei Morgengrauen kamen wir auf dem Hauptverbandsplatz an, Schlachthof wäre besser gewesen. Draußen lagen viele auf Decken und schrien vor Schmerzen. Es waren welche, die schrien: „Erschießt mich doch!". Die Ärzte leisteten dort Übermenschliches. Als ich vom Wagen gehoben wurde, war der Kopf wieder etwas höher und ich fiel sofort in Ohnmacht. Auf einem Tisch kam ich zu mir, hatte etwas auf der Nase und sollte zählen. 1, 2, 3, dann wusste ich nichts mehr.
Nach der Operation hatte ich so etwas wie ein Nachthemd an, man hatte mir alles vom Leib geschnitten. Aber die Hälfte meines Taschenmessers gaben sie mir zu meinen Habseligkeiten. Dann bekam ich etwas Tee, und schon wurde ich in einen Krankenwagen (Sanka) verfrachtet. An jeder Seite waren zwei Betten übereinander. In der Mitte, um den Bauch, war ein Gurt, damit wir nicht aus dem Bett fielen. Ein Feldwebel und ich waren rechts, zwei Rumänen links. Wir hörten noch etwas von zirka hundert Kilometern, dann rollte der Wagen an. Zwei Fahrspuren, das war die Straße, bergauf, bergab, durch Schlaglöcher, am Hang entlang, dass wir jeden Moment dachten, er fällt um. Dazu die wahnsinnigen Schmerzen. Aber noch schlimmer war das Geschrei der Rumänen. Sie beteten und schrien, bei jedem Rütteln des Wagens, also ständig.
Hundert Kilometer nach so einer Operation, querfeldein, in so einem Auto, bei dem Geschrei der Rumänen, das vergisst man ein Leben lang nicht. Mein Glück war nur, dass ich einige Male das Bewusstsein verlor.
Als dieser Krankenwagen dann endlich hielt, standen wir vor einem größeren Gebäude, das mir irgendwie bekannt vorkam. Ich wundere mich noch heute, dass ich in diesem Zustand dieses Haus wieder

erkannte. Wir waren also in Starobitarovskaya. Dieses Gebäude hatte ich mir, als wir zur Front marschierten, so genau angesehen. Es war eine Schule, jetzt als Lazarett eingerichtet. Hier sollte ich die nächsten vier Wochen verbringen. Was ich allerdings noch nicht wusste.

Als der Arzt die wenigen Zeilen las, die ich vom Verbandsplatz mit bekam, sagte er: „Ja, Junge, dir fehlt viel Blut, aber Blut haben wir nicht. Darum muss ich dir Campolon geben. Es ist eine rote Flüssigkeit, nur dass du wieder etwas in den Adern hast." Davon bekam ich achtzehn Spritzen, dazu täglich fünfzehn Tabletten, die Eiter erzeugten, damit die Operationswunde sauber eitert. Denn im Fleisch waren Schmutz, Stoffreste der Hose, und das Messer war ja auch nicht sauber gewesen. Darum ließen sie die Wunde offen. Sie war vierundzwanzig Zentimeter lang und zehn Zentimeter breit. In den offenen Durchschuss machte der Arzt einen fingerdicken Gummischlauch mit Löchern, damit der Eiter abziehen konnte. Der Schlauch wurde auch täglich durchgespült. Ich fragte: „Kann man denn diese Wunde nicht zunähen?" „Nein", sagte der Arzt, „dann könnte der Eiter nicht raus und du hättest längst Blutvergiftung." Der Arzt war ein guter Mensch und hatte an mir jungen Kerl alles getan, was in seiner Macht stand.

Weil ich gar keinen Appetit hatte und jeden Tag schmaler wurde, bekam ich jeden zweiten Tag einen viertel Liter Rotwein und fünf Kekse. Aber ich habe weder das eine noch das andere zu mir genommen. Die anderen warteten schon darauf. Ein Bettnachbar, der es gut mit mir meinte, drängte mich, etwas zu essen oder zu trinken, aber ich bekam nichts hinunter. Er war es auch, der für mich an meine Eltern schrieb. Ich selbst war ja nicht in der Lage dazu. Er machte auch ein Päckchen mit meinen Habseligkeiten und dem halben Taschenmesser, was daheim große Bestürzung auslöste. Denn die Durchschüsse haben eine Seite des Messers umgenietet, und darin war Fleisch meines Oberschenkels. Daheim dachten sie, ich hätte das Bein ab, und weil ich nicht schreiben konnte, die Hände auch.

Der gute Doktor sagte: „Was mache ich nur mit dir, ich würde dich ja mit dem ‚Fieseler Storch' nach Kertsch rüber fliegen lassen, aber du hältst ja den Flug nicht aus, denn an dir ist ja nichts mehr dran." So blieb ich, weiterhin transportunfähig, in diesem Lazarett.

Schlimm war ja nur, dass wir täglich bombardiert wurden. Wie durch ein Wunder wurde unser Lazarett nicht getroffen. Die Bomben schlugen links und rechts davon ein. Keine Fensterscheibe war mehr ganz. Tagsüber war es ja warm, aber nachts erbärmlich kalt. Da wurden Decken vor die Fenster gehängt. Bei Fliegeralarm liefen alle, die laufen konnten, in den Keller. Wir waren drei, die nicht aus den Betten konnten. Wir lagen da, hörten die Bomben im Fallen zischen und dachten jeden Moment, jetzt trifft es uns. So hilflos wie wir waren, war es nervenaufreibend. Nach vier Wochen war die Front soweit heran gerückt, dass das Lazarett geräumt werden musste.

Jetzt musste auch ich fort, ohne Rücksicht auf meinen Zustand. Mit Krankenwagen ging es bis zur Meerenge, dort lag ein großes Floß. Als Dach war eine Plane darüber gespannt, darauf ein großes rotes Kreuz, für Flugzeuge sichtbar. Es musste jeder die Heimatadresse angeben, falls wir versenkt werden, was auch schon vorkam. Ein kleines Boot zog uns langsam nach Kertsch, auf die Halbinsel Krim. Entweder waren an diesem Tag die Russen so milde gestimmt oder wir hatten ein halbes Dutzend Schutzengel. Wir hörten kein Flugzeug, sogar das Meer lag ruhig, wie ein Brett. Ohne nasse Füße kamen wir in Kertsch an.

Dort wurde ich zum ersten Mal von oben bis unten im Liegen gewaschen. Es gab auch etwas zu essen, aber ich trank nur Tee. Ein Zug stand schon bereit, aber nicht wie auf der Herfahrt Viehwaggons. Es war ein Lazarettzug mit Betten, so ratterten wir den Weg, den wir gekommen waren, wieder zurück. Den Dnjepr mussten wir nachts überquert haben, denn ich hatte nichts davon gemerkt. Durch das Geratter bekam ich Fieber, und es wurde immer schlimmer. Mir war wieder alles egal. Das Fieber stieg so hoch, dass der Begleitarzt es ablehnte, mich weiter im Zug zu behalten. Inzwischen waren wir in Polen. An der nächsten Station war ein Lazarett, da wurde ich ausgeladen. Ich weiß nicht mehr, wo es war, denn ich war wieder mehr bewusstlos, als wach. Bei einer Größe von 1,78 m wog ich 46 Kilogramm. In dem Lazarett war eine ältere Krankenschwester aus Karlsbad. Als sie hörte, dass ich aus ihrer Nähe bin, kümmerte sie sich sehr um mich. Nach einer Weile war meine Temperatur wieder normal, und ich sollte am nächsten Tag, da ging

wieder ein Verwundetentransport, nach Deutschland fahren. Worauf ich mich schon sehr freute.
Aber als am Morgen die Schwester mein Fieberthermometer nahm, sagte sie: „Du hast schon wieder Fieber, wahrscheinlich vor Aufregung." Da sagte ich: „Ich will aber fort." Als sie mein trauriges Gesicht sah, schlug sie das Thermometer auf Normaltemperatur runter und trug es in die Fieberkurve ein. Nun konnte ich reisen. Im Zug bekam ich einen Fensterplatz und konnte die Schwester, die mich begleitet hatte und noch am Bahnsteig stand, gut sehen. Als der Zug losfuhr wischte sie sich über die Augen. Ich wusste nicht einmal ihren Namen, nur das sie wie eine Mutter zu mir war. Denn als ich eine Woche zuvor in dieses Lazarett gekommen war und nichts essen konnte, wollte sie mir etwas Gutes tun und gab mir Traubenzucker. Es waren kleine Täfelchen. Weil aber mein Mund zu trocken war, wäre ich beinahe daran erstickt. Dann löste sie den Traubenzucker im Tee auf und gab ihn mir in einer Schnabeltasse. Aber auch diese Tasse konnte ich nicht halten, also tat sie es. Das musste sie auch dem Begleitpersonal im Zug gesagt haben, denn kurz darauf brachten sie mir Tee mit Traubenzucker in einer Schnabeltasse. Wahrscheinlich hat sie mir auch das Bett am Fenster besorgt. Da hätte ich ihr gerne noch einmal die Hand gedrückt. Aber der Zug war schon weit fort.
Er ratterte dahin, kein Fliegerangriff wie in Russland, was soviel Nerven kostete. Seit wir von Starobitarovskaya weg waren, bekam ich auch keine eiterfördernden Medikamente mehr. Auch der fingerdicke Schlauch in meinem Oberschenkel wurde nicht mehr durchgespült und bewegt.
Meine Gedanken drehten sich nur darum, wo wird der Zug halten. In welches Lazarett werde ich kommen? Dank der guten Organisation hatte der Zug überall Durchfahrt. Nur wenn die Lok beschickt werden musste, wurde gehalten. Ich glaubte nicht richtig zu sehen, denn da draußen las ich „Prag". Ja, das war doch die Richtung in meine Heimat. Sollte ich etwa dort irgendwo hinkommen? Als es dunkel wurde, las ich „Karlsbad – Fischern". Mein Gott, neun Kilometer entfernt war ich doch daheim! Ich war ganz aufgeregt. Das war die Strecke Karlsbad – Eger, die nahe an meinem Heimatort vorbeiführte. Dann kam auch schon „Chodau", fünf Kilometer von

daheim und gleich danach „Neusattl", nur drei Kilometer von daheim. Es war Nacht, die Bahnhöfe durften nicht beleuchtet werden. Aber ich kannte mich aus und war so nahe an meiner Heimat. Doch der Zug fuhr weiter in die Nacht hinein.
Am anderen Tag war das Zugpersonal aufgeregter als sonst, und als wir in Limburg an der Lahn einfuhren, standen draußen schon Ärzte, Personal und Krankenwagen. Hier wurden die dringendsten Fälle übernommen. Auch mich holte man heraus und brachte mich in das Priesterseminar, das in ein Lazarett umgebaut worden war.
Hier wurden wir sofort untersucht. Ein älterer, scheinbar befehlsgewohnter Stabsarzt kam zu mir. Er betrachtete sich meinen Kopf, meinen Rücken und mein Bein. Er sagte: „Warum ist der Schlauch noch im Oberschenkel?" Mit einer Pinzette wackelte er daran. Dann sagte er zu mir, indem er zur anderen Seite zeigte: „Kannst du das dort drüben lesen?" Als ich hinschaute, packte er blitzschnell mit der Pinzette den Schlauch und riss ihn aus dem Oberschenkel. Dieser Schmerz ging bis in den Kopf, und ich war wieder ohnmächtig. Als ich kurz danach zu mir kam, war der Arzt damit beschäftigt, die große Wunde zu versorgen. Dann setzte er sich zu mir ans Bett und sagte: „Das war nicht böse gemeint, aber durch die Löcher im Schlauch war Fleisch eingewachsen. Hätte ich es langsamer gemacht, hätte ich dich viel mehr gequält. Den Schlauch brauchen wir jetzt nicht mehr, aber spülen müssen wir jeden Tag, denn der Durchschuss ist noch offen. Da hattest du aber Glück", meinte er, denn einen halben Zentimeter daneben liegt die Hauptschlagader, dann hättest du Limburg nicht mehr gesehen." Als er sah, dass ich total erschöpft war, klopfte er mir auf die Schulter und sagte: „Bis morgen."
In einem großen Saal lagen dreißig Mann. Daneben war ein kleiner für zwanzig Mann, geteilt durch eine breite gläserne Schiebetür. Dort war nur ein Sani, alle anderen waren katholische Nonnen. Schwester Oberin war die uneingeschränkte Chefin. Als Mann hätte sie Regimentskommandeur sein können. Sie war zwar gerecht, aber hart bis zum Letzten.
Bis dahin hatte ich ja nur von Tee gelebt. Aber hier stellte man mir Essen hin. Ich wäre auch gar nicht in Lage gewesen, selbst zu essen. Als ich nichts anrührte, konnte ich sie gleich kennen lernen. „Na,

junger Mann, wohl Besseres gewohnt? Aber wir haben Krieg und da wird gegessen was auf den Tisch kommt!" Die Schwestern, die vor ihr nur so dahin schmolzen, mussten sofort alles wegräumen. Nach dem Motto: Friss oder stirb! Das hatte der Sani bemerkt und kam zu mir. Als er erfuhr, dass ich seit fünf Wochen nur Tee trank, sagte er, mein Gott. Er bot sich auch gleich an, meinen Eltern zu schreiben. Er muss es auch dem Stabsarzt gesagt haben, darum bekam ich auf dessen Anweisung wieder Tee mit Traubenzucker. Was aber die Oberin noch mehr in Rage brachte, weil es ohne ihr Wissen geschah. Bei ihr hatte ich nie gute Karten.

Aber sonst war es in diesem Priesterseminar angenehm. Dank der Schwester Oberin herrschte peinliche Sauberkeit. Auch der Stabsarzt sah sich jeden Tag seine Verwundeten an. Inzwischen hatte er mein Krankenblatt gelesen und war um vieles freundlicher zu mir.

Eines Tages, ich traute meinen Augen nicht, da kamen meine beiden Schwestern in den Saal. Sie schauten neugierig von Bett zu Bett, ich dachte, jetzt werden sie dich gleich sehen, aber sie gingen vorbei, obwohl sie zu mir hinschauten. Sie gingen in den Nebenraum und kamen wieder zurück. Auch jetzt schauten sie wieder in alle Betten. Als sie wieder in meine Richtung sahen, hob ich den rechten Unterarm. Da blieben sie ruckartig, wie erstarrt, stehen. Dann schlugen sie die Hände vors Gesicht und weinten. Ich selbst hatte mich in diesem Zustand ja noch nicht im Spiegel gesehen. Meine eigenen Schwestern hatten mich nicht erkannt. Sie waren so erschrocken, dann aber doch wieder zufrieden, weil ich noch alle Glieder hatte. Sie erzählten von daheim, sprachen über das Vieh und so weiter. Erzählten auch, dass unser Bruder Anton, der vor drei Monaten gefallen war, eine Tochter hat, die er nie gesehen hatte.

Dieser Besuch muss mich aufgerüttelt haben. Mein junger Körper hat sich lebensbejahend aufgebäumt. Ich fing so langsam an, wieder etwas zu essen. Was sich dann ganz schnell besserte, sodass ich in kurzer Zeit schon von einer Mahlzeit auf die andere wartete. Hätte ich doch jetzt den viertel Liter Rotwein und die fünf Kekse gehabt! Schwester Oberin konnte sich nicht genug wundern, was ich alles auf einmal verkonsumierte.

Ich würde ja gerne so ausführlich weiter schreiben. Aber dann gäbe es einen Roman, der vielleicht langweilig werden würde, darum werde ich mich jetzt kurz fassen.

Von nun an ging es dank meines Riesenappetites mit meiner Genesung gut voran. Meine Eltern stellten einen Antrag auf Verlegung in mein Heimatlazarett Elbogen. Aber ich selbst war körperlich noch nicht in der Lage, diese Bahnfahrt zu unternehmen. Als es dann einige Wochen später soweit war, bekam ich einen Begleitmann mit. Auf zwei Krücken kam ich total erschöpft in Elbogen an. An die Mutter von Ernst Wirkner schrieb ich, dass ich jetzt in Elbogen sei, nur zwanzig Kilometer von ihr. Kurz darauf besuchte sie mich, und nun erfuhr ich, dass Ernst eine Woche nach meiner Verwundung gefallen war. Da weinten wir beide.
Es ging mir zunehmend besser, sodass ich schon bald, sooft sich die Gelegenheit dazu bot, mit dem Bus, auf zwei Krücken, nach Hause fuhr. Es waren nur vier Kilometer.
Als die Wunden verheilt waren, aber das Bein fast steif war, wurde ich ins Orthopädie-Lazarett nach Joachimsthal ins Erzgebirge verlegt. Hier wurde mit elektrischen Geräten das Knie täglich etwas mehr gebogen.
Eines Tages kam eine Kommission, untersuchte jeden Einzelnen und machte alles KV, was einigermaßen laufen konnte. Als so ein Oberarzt, der wahrscheinlich befördert werden wollte, hörte, dass ich neunzehn Jahre alt war, sagte er: „Sie treiben sich noch in der Heimat rum?" Ich musste mich auf eine Prische legen, dann hob er mein Bein mit einer Hand beim Fuß hoch, seinen anderen Arm nahm er als Hebel in die Kniekehle. Dann riss er mit aller Gewalt den Fuß nach hinten. Dem Schmerz nach, dachte ich, dass in dem Beim alles kaputtgerissen ist. So war es dann auch. Die vierundzwanzig Zentimeter lange Narbe war wieder offen. Da hat dieser KV-Macher doch blöd geschaut. So blieb ich bis Anfang April 1944 in Joachimsthal, bis alles wieder verheilt war.
Dann wurde ich zu meiner Einheit, dem 97. Gebirgsjäger Regiment nach Reichenhall entlassen. Dort hieß es eines Tages, alle auf die Schreibstube, zur Beförderung. Da ging ich gar nicht hin. Ich hatte die Nase voll von diesem verdammten Krieg und der Ungerechtigkeit. Denn die Berechtigung zum Verwundetenabzeichen setzte voraus, dass mindestens zehn Tropfen Blut geflossen waren. Bei drei solchen Verwundungen gab es das silberne Verwundungsabzeichen und bei fünf solchen Verwundungen das Goldene. Da gab es doch

Angeber, die sich doch selbst solche Ritzer beibrachten, um mit Silber und Gold anzugeben.

Ich hatte zwei schwere Verwundungen, hatte kaum noch Blut, war damit elf Monate im Lazarett und humpelte immer noch am Stock herum. Aber weil beide Verwundungen vom gleichen Tag stammten, wurden sie nur als eine gerechnet. Also sollten sie befördern, wen sie wollten, ohne mich.

Nach einiger Zeit wussten sie in Reichenhall nicht mehr, was sie mit uns Krüppeln anfangen sollten, da schickten sie uns in ein Landesschützenregiment. Ich war ein Soldat mit Stock, zum Lachen. Wir wurden von einer Garnison in die andere geschickt. Überall schüttelten sie den Kopf und wussten nicht, was sie mit uns anfangen sollten.

Da hatte Baldur von Schirach die glänzende Idee, dass wir vielleicht den Krieg in letzter Minute doch noch gewinnen könnten. Denn die Amis und Engländer standen schon bei Aachen. Wir bekamen ganz auf die Schnelle noch einen viertel Liter Rotwein und zehn Roth-Händle-Zigaretten. Kurz danach waren wir schon im Rheinland bei Geilenkirchen an der Front und sahen, was der Feind vor uns so alles hatte.

Wir lagen im Rübenfeld, die leichten Kampfflugzeuge flogen so dicht über uns hin, dass wir dachten, die fahren uns den Hintern ab, und beschossen uns mit Bordwaffen. Wir hatten nur Karabiner, ein Hohn. Von deutscher Artillerie war nichts zu sehen und nichts zu hören. Wir sagten uns, die haben uns hierher geschickt, damit wir erschossen werden.

Wären die Amis solche Kämpfer gewesen wie die Russen, hätten sie uns überrannt. Aber diese Herren kamen nur im Schutz von vierzig bis fünfzig Panzern. Als dann fünfzig Panzerkanonen und soviel schwere MG's auf uns zeigten und wir mit erhobenen Händen im Rübenfeld standen, da kamen sie an, haben uns in den Hintern getreten und haben uns sämtliche Wertgegenstände, die wir hatten, abgenommen. Wie Vieh wurden wir ins nächste Dorf getrieben und immer wieder mit dem MG hinter uns in den Boden geschossen, sodass man nie wusste, wann es einen wirklich trifft. Von da an hielt ich von den Amis nicht mehr viel.

Mit jeweils hundert Mann kamen wir auf einen Sattelschlepper. Dann ging es eine Woche lang durch ganz Frankreich. In jeder Stadt

Im Lazarett in Ellbogen.

Oben: Egon Brückner im Vordergrund.

Links: Mit Krankenschwester, Egon Brückner steht rechts.

wurden wir gefilmt. Wir standen Tag und Nacht auf diesen LKW's. Mein Bein schmerzte, ich konnte kaum noch stehen, aber umfallen konnte ja keiner. Zu essen gab es nichts. Da standen wir bei Sturm, Regen und Kälte, es war später Herbst. So ging es bis Cherbourg. Dort wurden wir den Engländern übergeben, kamen in eine Fähre und bekamen zum ersten Mal süßen Tee. Da waren wir schon glücklich.

In England wurden wir ausgeladen und mussten einzeln durch eine schmale Gasse laufen. Dort standen zehn Männer, fünf links und fünf rechts und schlugen mit aller Kraft, mit Gummiknüppeln auf uns ein. Weil ich nicht so schnell laufen konnte wie die anderen, bekam ich entsprechend mehr Schläge ab.

Ein schon bereit stehender Zug nahm uns auf und brachte uns nach Hamptonpark. Es war die Durchlaufstelle aller Kriegsgefangenen, die nach England kamen. Dort wurden wir kräftig mit Lauspulver eingepudert und bekamen sogar etwas zu essen. Wir kamen laufend in andere Gefangenenlager. Sheffield, Doncaster, Liverpool, Belfast (Nordirland), Air (Schottland) und wieder hinunter nach England, Penkridge und Bomyard.

Die ersten zwei Jahre waren keine gute Zeit. Aber dann wurden wir zur Arbeit eingesetzt und bekamen dadurch immer mehr Lockerungen. Die letzte Zeit meiner Gefangenschaft war ich bei einem großen Bauern. Weil ich alle Arbeiten machen konnte, war er sehr zufrieden mit mir. Mir ging es dort sehr gut. Als nach vier Jahren meine Entlassung nahte, sagte er: „Egon, bleib hier, ich zahle dir mehr als einem englischen Arbeiter und helfe dir auch sonst."

Aber ich musste nach Deutschland, das damals in Schutt und Asche lag. Mein Vater, zwei Schwestern und zwei kleine Kinder waren noch in der ČSR und warteten darauf, dass ich sie rausholte.

Ober-Gleen

Als ich nach Ober-Gleen kam

1948. Ich war noch in englischer Gefangenschaft. In dieser Zeit haben die Tschechen aus Hass auf Hitler die Deutschen aus dem Sudetenland vertrieben. So kam es, dass meine Familie daheim im Egerland, wo sie schon enteignet war, die Ernte noch einbringen musste. Für meine Mutter, die eine schwere Operation hinter sich hatte, war es zu viel. In Hitlers Krieg waren zwei ihrer Söhne und zwei Schwiegersöhne gefallen. Und nun die Enteignung und Vertreibung. Sie ruht in Heimaterde.

Nach der Ernte ließen die Tschechen keine Deutschen mehr raus. Auch meine Familie kam von einem Lager in das andere. Aber immer weiter in die ČSR hinein, sie waren schon in Mähren, in Bylani. Es waren nur noch mein Vater, meine ältere Schwester mit zwei kleineren Kindern und meine jüngere Schwester. Es hieß, dass eventuell noch Familienzusammenführungen möglich wären. Also erster Verwandtschaftsgrad, Vater-Sohn oder Bruder-Schwester. Darum wäre nur noch ich in der Lage gewesen, meine Familie von den Tschechen loszueisen. Jeder Brief von ihnen war ein Hilfeschrei.

Ich selbst hätte ja in England bleiben können. Aber zu dieser Aktion musste ich nach Deutschland. Um aus Gefangenschaft entlassen zu werden, musste ich in Deutschland eine kontrollierbare Adresse angeben. Aber wen? Es gab nur meine Schwägerinnen, die Frauen meiner zwei gefallenen Brüder. Durch die Vertreibung war die eine in Schönau bei Berchtesgaden. Weil ich bei den Gebirgsjägern war, kannte ich die Felsen dort unten. Nach dem Krieg war es eine arme Region. Also gab ich die Anschrift der anderen in Hessen an.

Da kam ich dann am 18. April 1948 am Bahnhof in Zell-Romrod an. Ich erkundigte mich, wo denn Ober-Gleen wäre. Sofort sagte man mir, dass ich erst nach Heimertshausen müsste, dann kommt Ober-Gleen, nach circa sechs Kilometern. Man betrachtete mich skeptisch. Denn ein fremder Mann in Gefangenenkleidung und mit einem kleinen Holzköfferchen konnte doch nur ein Vertriebener sein. Und solche waren doch eh schon zu viele da. Ich hörte aber kein böses Wort. Also marschierte ich mit meinem Köfferchen, wirre Gedanken im Kopf, in Richtung Ober-Gleen. Kurz vor dem Dorf kam mir meine Schwägerin mit einem Ziehwägelchen entgegen. Aber mein Köfferchen konnte ich tragen.

Am 18. April 1948, spät am Nachmittag, betrat ich zum ersten Male in meinem Leben das Dorf Ober-Gleen im Kreis Alsfeld in Oberhessen. Die Gegend gefiel mir, denn sie war wellig, fast wie daheim. Aber was mich hier erwartete, wusste ich nicht. Ich ahnte auch nicht, dass das Dorf Ober-Gleen, das damals vollgestopft mit Vertriebenen war, meine zweite Heimat werden sollte. So wohnte ich als Untermieter bei meiner Schwägerin. Sie hatte mit ihrer kleinen Tochter von vier Jahren, es war das Kind meines gefallenen Bruders, das er selbst nie gesehen hat, in einem kleinen Stübchen bei der Familie Engel-Rahn am Schlag. Es hieß bei „Schütze".

Es war schon am Dunkelwerden, als ich das Haus betrat. Im Flur kam mir eine stattliche, forsche Frau entgegen und begrüßte mich freundlich. Es war die Hausfrau Berta Rahn, geborene Engel. Wahrscheinlich wusste sie von meiner Schwägerin, dass ich komme. Sonst sah ich an diesem Abend niemanden. Die anderen waren im Stall oder in der Küche, was mir eigentlich ganz recht war, denn meine Schwägerin erzählte mir so vieles von daheim. Das schwere Sterben meiner Mutter. Der letzte Brief meines Bruders und so weiter. Mir rauchte der Kopf.

Jeder heimgekehrte Kriegsgefangene bekam 14 Tage, um sich zu erholen. Aber was sollte ich in diesen 14 Tagen tun? Sollte ich rumlungern? Oder durchs Dorf gehen und mich als Faulenzer abstempeln lassen? Das lag mir nicht. Also machte ich einen Gang um den Hof. Da sah ich einen großen älteren Mann, der mit einer großen Bügelsäge Brennholz sägte. Zu dieser Zeit wusste ich noch nicht, dass man ihn „Schütze, Heinrich" nannte. Ich sah nur, dass es für ihn schwere Arbeit war. Da ging ich auf die andere Seite der Säge und fragte: „Darf ich?" Er nickte nur. Auf Anhieb hat unser Sägen geklappt. Da meinte er: „Schon mehr gemacht?" Da nickte ich. Weil es so gut ging, sägte ich mit ihm weiter.

Nach einer Weile machte er Rast. Er hängte die Säge an ein Horn des Sägebocks und fragte: „Sind Sie es also, der bei Frau Brückner ist?" Denn wir waren uns noch nicht begegnet. Ich sagte ja und stellte mich vor. Danach stellte auch er sich vor und sagte, dass er früher der Feldschütz in Ober-Gleen gewesen war. Da fragte ich: „Sind Sie Jäger?" „Nein", erwiderte er, „es ist eine Art Polizist in der Gemarkung. Darum nennt man mich im Dorf Schütze Heinrich." Dann sägten wir wieder weiter. Durch die Harmonie bei unserer Arbeit waren wir uns sofort sympathisch.

Ich musste dringend nach Alsfeld aufs Landratsamt, um Unterlagen zur Aussiedlung für meine Angehörigen zu bekommen. Aber die Tschechen ließen niemanden mehr raus, ich habe es einige Male versucht. Es gelang mir nicht. Damals fuhr auch noch kein Bus, da ging es halt auf Schusters Rappen nach Alsfeld und zurück.

Weil es damals noch keine fahrbaren Bandsägen gab, die von Haus zu Haus fuhren und Brennholz schnitten, half ich Opa Heinrich beim Brennholzsägen. Dabei erzählte ich, wie es in meiner Heimat so war. Es gab viel Industrie, Porzellanfabriken, Glasfabriken, Kaolingruben, Kohlenschächte, die Braunkohle lag nur ein paar Meter tief, darum war sie billig, und es wurde nur mit Kohle geheizt. Durch die große Industrie wohnten viele Leute zur Miete. Alle brauchten Kohle. Daher hat jeder Landwirt, der Pferde hatte, frühzeitig eine Fuhre Kohle an Privatleute gefahren, was ein guter Nebenverdienst war. Dann ging es auf die Felder.

Opa Heinrich erzählte mir von Ober-Gleen und Umgebung, sodass ich so langsam ein Bild von Leuten bekam, die ich noch gar nicht kannte. Er war der erste Ober-Gleener, zu dem ich Kontakt hatte und mit dem ich mich auf Anhieb gut verstand.

Die Eltern meiner Schwägerin waren auch in Ober-Gleen und wohnten bei der Familie Ernst Peter. Es hieß bei Mäuresch (heute Reckert). Sie waren schon alt, hießen Hammer, und der Opa hatte nur noch zehn Prozent Sehkraft. Darum konnten sie selber kein Holz im Wald machen oder sammeln. Darum kam die Oma zu mir und sagte, dass sie beim Förster gewesen war wegen Holz. Der konnte ihr aber nur sagen, dass im Himmelborn Randfichten geschlagen wurden: „Da sind noch große Äste zum Ausputzen." Sie soll sich aber beeilen, denn andere kommen auch. Oma war ganz aufgeregt. „Der Opa," sagte sie, „kann doch nicht, was machen wir nun?"

Opa Heinrich hat sich das alles mit angehört, ging kurz in seinen Schuppen und gab mir ein Beilchen. „Für heute ist es zu spät", sagte er. „Aber morgen früh, ganz zeitig, bevor andere kommen, musst du schon dort sein, sonst hast du das Nachsehen." Er sagte sogar schon du zu mir, was mir nur recht war. Aber das Schlimmste an der Sache war, dass ich nicht die geringste Ahnung hatte, wo der Himmelborn war.

Opa Heinrich war als ehemaliger Feldschütz sehr ortskundig und beschrieb mir genau, wo der Himmelborn ist. „Also, der Globerg ist ein bewaldeter Höhenzug, den du überqueren musst. Am Ortsausgang Richtung Heimertshausen rechts ab. Sofort bist du in der Steigung, links und rechts Wiesen, und schon bist du im Wald auf einem viel befahrenen Waldweg. Bis zur runden Kuppe oben sind es mehr als zwei Kilometer. Drüben runter ist es nicht so weit, aber steiler. Der Wald geht nicht bis in die Senke, denn dort ist es zu feucht. Im Grund zieht sich eine Wiese entlang. Wo es am tiefsten ist, murmelt der kleine Himmelborn. Am gegenüberliegenden Hang ist wieder Wald." Von Weitem sah ich schon, dass dort Holzmacher an der Arbeit waren. Da musste ich jetzt hin.

Aber ich hielt einen Moment inne. Denn was ich sah, war sehr schön. Links und rechts am Hang war Wald, im Grund diese lang gezogene Wiese, in der Mitte der Wiese das Bächlein. Das also war der Himmelborn, ein Bild, mein Gott, wann habe ich so etwas zuletzt gesehen? Zwei Jahre Krieg vier Jahre Gefangenschaft. Aber das hier war Frieden. Das ging unter die Haut, man müsste es malen.

Beinahe hätte ich vergessen, dass ich doch für die alten Leute Holz machen muss. Jetzt aber ran. Opa Heinrichs Beilchen war gut scharf. Darum machte die Arbeit Spaß, und in kurzer Zeit hatte ich einen Stapel ausgeputzter Äste draußen am Waldrand liegen. Aber es reichte nicht für eine Fuhre. Da versteckte ich mein Beilchen unter einem Baum, nahm mein Stück trockenes Brot, denn ich hatte Hunger, und ging tiefer in den Wald hinein, um zu sehen, ob dort noch etwas Brauchbares wäre.

Da hörte ich am Waldrand ein Pferdegespann. Ich ging zurück und sah, dass zwei Männer mein Holz auf ihren Wagen luden. Ich lief hin und schrie: „Stopp, das gehört mir!" Da schrie der ältere Mann: „Das kann jeder sagen!" Der zweite war wohl sein Sohn, ein ganz

junger Bursche, gerade aus der Schule. Dem war die Sache unangenehm, er ging zu den Pferden. Ich sagte: „Dieses Holz habe ich vorhin gemacht, dort drüben liegt mein Beilchen." Da lachte der Ältere und sagte: „Nie im Leben." Ich holte mein Beilchen, zeigte es ihm und sagte: „Sie stehlen mein Holz."
Da hielt er an und schrie: „Ech sei der grissde Bauer voo Obern-Gliii, ech schdehl käi Holz!" „Sie tun es aber gerade", sagte ich. „Dieses Holz machte ich für zwei alte, vertriebene Leute, die gar nichts haben, nicht einmal den Stuhl, auf dem sie sitzen. Und der alte Mann ist fast blind. Wenn Sie der größte Bauer sind, dann ist es ja noch schlimmer. Wenn demnächst in der Zeitung steht, der größte Bauer stiehlt alten, blinden Vertriebenen das Holz. Da werden sich die Ober-Gleener aber freuen."
Damit habe ich ihn scheinbar getroffen. Ich hörte nur noch „verreck", während er hinten, wo der Wagen offen war, die langen Äste rauszog und nicht auf den Stapel legte, wo er sie weggenommen hatte, sondern sie in hohem Bogen auf die Wiese warf. Dann fuhren sie weiter.
Da sammelte ich meine herumliegenden Äste ein. Im Kopf hatte ich jetzt ein anderes Bild von Ober-Gleen. Denn das schöne, das ich durch die Erzählungen von Schütze Heinrich hatte, war verwischt. Hier also regierten die Bauern. Wenn einer zehn Morgen weniger hatte als der andere, dann war er schon ein Geringer.
Bei uns daheim waren durch die große Industrie und die vielen Arbeitnehmer die Landwirte in der Minderzahl. Da war es für einen Jungbauern nicht so leicht, eine Frau zu finden. Denn die meisten Mädchen gingen in eine Fabrik und hatten um 17 Uhr Feierabend. Da hatte ein Bauer noch lange keinen Feierabend.
Aber da kam auch schon das Fuhrwerk, das mein Holz nach Ober-Gleen bringen sollte. Es war Heinrich Stumpf (Eggenesch). Oma Hammer hatte es organisiert. Denn ihm hatte sie im Sommer bei der Feldarbeit geholfen, und für diese Fuhre wird sie ihm wieder helfen. Heinrich war ein redseliger Mann, und wir kamen ganz gut zurecht miteinander, sodass sich das verwischte Bild von Ober-Gleen wieder etwas aufhellte.
Oma und Opa Hammer konnten nun gemeinsam die langen Äste kurz sägen und hatten wieder Brennholz. Also half ich Opa Heinrich

wieder mit der großen Bügelsäge Brennholz schneiden. Dabei erzählte ich ihm von dem Vorfall im Wald. Ich sah ihm an, dass er sich dazu nicht äußern wollte. Denn er kannte mich ja noch nicht gut genug, und dann war das ja der größte Bauer, also tabu.
In einem Korb trug ich gehacktes Holz in den Schuppen. Da sah ich in meiner Ecke ein kleines Häufchen Holz und fragte: „Warum liegt das dort drüben?" Da sagte er: „Es gehört deiner Schwägerin." Ich meinte: „Da ist aber auch nicht mehr viel." „Ja", sagte er, „darum habe ich mir auch schon Gedanken gemacht. Wenn du auf Zack bist, und ich glaube, du bist es, dann schaffen wir's." Ich war gespannt wie eine Feder: Was wird jetzt kommen?
„Gestern", sagte er, „habe ich doch die erste Fuhre Mist zum Kamberg gefahren. Da ist der Wald gleich nebenan. Da gibt es einige dürre Fichten, 10 bis 15 Zentimeter dick. Aber der Wald gehört nach Arnshain. Und der Förster dort heißt Rau, und so ist er auch. Darum werden wir heute Nachmittag wieder eine Fuhre Mist dorthin fahren, dann zeige ich es Dir. Da hättest du sogar eine Ausrede. Weil du ja erst ein paar Tage hier bist, kannst du ja nicht wissen, dass das Arnshainer Gemarkung ist."
Also fuhren wir mit einer Fuhre Mist an den drei Eichen vorbei in eine Senke, dann ging es aber lange bergauf. Oben am Wald hatte Opa Heinrich ein Feld. Heute wundert man sich, was damals Mensch und Vieh leisten mussten. Und Heinrich hatte Recht. Von seinem Feld aus sah man, dass im Wald, es war ein dichter Fichtenbestand, viele dürre Fichten an anderen lehnten und nicht umfallen konnten. Waren also luftgetrocknet. Am Heimweg zeigte er mir, wo ich das gemachte Holz weit vom Wald, im Straßengraben dieses Weges, ablegen sollte.
Spät am Nachmittag haben wir noch eine Fuhre Mist geladen. Die blieb über Nacht stehen, damit sie Heinrich am nächsten Morgen nicht allein aufladen musste. Er wollte dann kurz vor Mittag nachkommen.
Bei Morgengrauen trabte ich mit frisch geschärftem Beilchen los. Die Arbeit machte Spaß und es ging besser voran, als ich dachte. Weil die Bäume, 12 bis 15 Zentimeter stark, nur halb umlagen, aber die Wurzeln aus dem weichen Waldboden zur Hälfte rausschauten, brauchte ich sie nur ganz rauszuziehen und sie ein, zwei Meter

wegzuheben, dann fielen sie ganz runter. Die paar Wurzeln abgeschlagen, oben waren nur einige dürre Äste. Das Beilchen versteckt, den sieben bis neun Meter langen Baum auf die Schulter und so schnell wie möglich ab. Ich trug jeden Baum sofort weg. Falls der Förster tatsächlich kommen sollte, dass er nicht mehrere sieht. Bis zur Ablage waren es 150 Meter. Ich musste ganz schön flitzen, aber es hat Spaß gemacht. Als mein Magen knurrte, hatte ich schon eine große Fuhre. Da beschloss ich, oben im Wald, wo Schatten war, mein Brot zu essen. Ich setzte mich an den Wegrand und biss in mein Brot. Da stand doch plötzlich der Förster vor mir. Er kam mit dem Fahrrad, darum hörte ich ihn nicht.

„Was machen Sie hier?" sagte er. Ich zeigte ihm mein trockenes Brot und sagte: „Essen." Dann fragte er: „Ist das Ihr Beilchen?" Es lag neben mir. Ich sagte: „Ja, ich wollte mir etwas Holz machen, ich bin vorige Woche aus Gefangenschaft gekommen." „Und wo wohnen Sie?", fragte er. Als er hörte, in Ober-Gleen, bekam er einen roten Kopf. „Raus aus meinem Wald", sagte er. „Gehen Sie in Ober-Gleen zum Förster. Das Beilchen müsste ich Ihnen sogar abnehmen." Ich sagte: „Das geht nicht, es gehört mir nicht." Er forderte mich auf zu gehen und ging mit mir noch ein Stück aus dem Wald hinaus. Um Himmels Willen, dachte ich, wenn der noch 20 Meter weiter mitgeht, sieht er das Holz. Er blieb aber stehen, wartete noch eine Weile und fuhr dann in den Wald zurück. Ohne mich umzudrehen, ging ich weiter.

Als ich bei den drei Eichen war, kam Heinrich mit seinem Kuhgespann an. Da fuhr ich wieder mit, denn am Heimweg wollten wir ja mein gemachtes Holz mitnehmen. Als wir näher kamen und Heinrich den Berg Holz sah, sagte er: „Du lieber Himmel, wenn das der Rau gesehen hätte, wäre die Polizei schon da. Das sind ja zwei Wagen Holz. Jetzt müssen wir uns aber beeilen."

Also haben wir den Mist am Feld abgeladen. Die Hälfte vom Holz aufgeladen, und ab in Richtung Ober-Gleen. Unterwegs sagte Heinrich: „Den Rest Holz müssen wir heute noch holen, denn morgen ist es weg, Augen sind überall." Am Hof beim Holzplatz angekommen, haben wir das Holz abgeladen, wieder etwas Mist aufgeladen, nicht so viel, damit es schneller ging. Der Mist rechtfertigte die Fuhre. Falls der Förster doch noch mal da war, zwei andere Kühe eingespannt, die von vorhin waren todmüde, und ab ging die Post.

Es hatte alles geklappt, und wir waren mit der zweiten Fuhre am Hof beim Holzplatz. Als wir die Kühe ausspannten, sagte Heinrich: „Wir müssen schleunigst das Holz abladen, den Wagen saubermachen und oben vor das Haus stellen. Denn es könnte sein, dass uns jemand gesehen hat und hat den Rau verständigt. Diesem Kerl traue ich zu, dass er herkommt und nachschaut. Dann haben wir eben dieses Holz schon vorgestern im Ober-Gleener Wald drüben an der Autobahn gemacht."
Obwohl wir beide müde waren, haben wir gelacht. Denn jeder hatte eine Fuhre Holz. Wir dachten beide das gleiche, aber keiner hat es gesagt: Wie gut wir zwei in so wenigen Tagen zusammenarbeiteten. Weil ich doch von daheim aus der Landwirtschaft kam und alles konnte und auch zupackte, hat mich Heinrich schon bei den anderen empfohlen, die mich dann ab und zu fürs Essen arbeiten ließen. So kam es, dass man in Ober-Gleen auf mich aufmerksam wurde.
Heinrich war im Schlag und Umgebung die Hebamme für die Kühe. Dabei habe ich ihn öfter begleitet. Denn daheim musste ich ja auch helfen, oft sogar Hebamme sein. Heinrich merkte sofort, dass ich Ahnung hatte, und ließ mich mithelfen, denn er war nicht mehr der Jüngste.
Weil es in Ober-Gleen keine Arbeitsmöglichkeit gab, fuhren viele Vertriebene nach Frankfurt, dort wurde schon aufgebaut. In Homberg/Ohm war eine Maurerfirma, Novak und Klein. Weil Novak im KZ gewesen war, durften sie in Frankfurt arbeiten. Diese Firma suchte Leute für Frankfurt. Da wollte ich hin, denn ich wollte Maurer lernen. Beim Aufbau Deutschlands wurden solche gesucht. Dafür brauchte man aber vom Bürgermeister die Bestätigung eines festen Wohnsitzes. Als ich diese beim Bürgermeister holte, fragte er mich, was ich nun vorhabe. Er meinte, dass mich jeder Bauer nehmen würde. Da erzählte ich ihm, dass ich daheim schon ein kleines Fuhrgeschäft hatte. Denn bei dieser Kohlenfahrerei, ganz früh, hatte ich schon eine große Kundschaft. Im Winter wurden doch viel mehr Kohlen benötigt, sodass ich früh mit Pferdeschlitten und Lampe fortfuhr und abends im Dunkeln heimkam. Darum wollte ich nicht Knecht machen. Erstmal etwas lernen.
Also ging es Montag früh um fünf Uhr auf einem Lkw mit 20 Mann, die er schon auf einigen Dörfern einsammelte, nach Frankfurt. Erst

waren wir in der Trümmerverwertung. Dort wurden zerbrochene Ziegelsteine noch mehr zerkleinert, mit dünnem Zementmörtel vermischt und wieder zu Ziegelsteinen gepresst.
Anschließend mussten zerbombte Häuserzeilen wieder aufgebaut werden. Ich wurde immer einem erfahrenen Maurer unterstellt, dass ich so viel wie möglich lernen sollte. Dabei merkte ich, dass manche gar keine so guten Maurer waren. Denn viele hatten keine Papiere und gaben sich als Maurer aus. Denn so ganz fremd war mir die Maurerei nicht. Daheim, auf unserem Hof, musste doch auch so manches ausgebessert oder betoniert werden. In kurzer Zeit war ich mittendrin.

Der junge Fuhrunternehmer Egon Brückner, 16 Jahre alt.

In Frankfurt wohnten wir in provisorischen Baracken, wo wir froh waren, wenn es nicht regnete. Freitagabend fuhr dieser Lkw mit 20 Mann wieder nach Oberhessen. Von nun an konnte ich Heinrich nur noch Samstag helfen. Es war heißer Sommer, und ich wollte helfen, Roggen heimzufahren. Wir waren zu dritt, Heinrich, sein Schwiegersohn Karl Rahn und ich. Der Leiterwagen stand am Hof in der prallen Sonne. Da fiel mir ein Rad auf, ich wackelte daran und merkte, dass die Büchse locker war. Da ging Karl sofort zum Schmied ins vordere Dorf. Also, der mittlere Teil eines Rades ist die Nabe, in Mundart: der Radstock. Dort sind die Speichen verankert. In der Mitte dieses Radstocks ist eine Bohrung, darin ist eine genau gearbeitete Büchse, die zur Achse passt, und die war locker. Dadurch hätte sich das Rad abziehen, selbstständig machen können. Wenn ein Rad älter wird und in praller Sonne steht, trocknet der Radstock ein, dann wird die Büchse locker. Bei uns daheim kam so etwas auch vor. Da musste man sich halt manchmal selber provisorisch helfen.

Darum sagte ich zu Heinrich: „Wenn wir einen alten, kaputten Kartoffelsack hätten..." „Ja, willst du denn Kartoffeln ausmachen?", meinte er. Es fand sich tatsächlich so ein altes Stück. Also, das Rad war abgezogen. Die Büchse war locker und wurde rausgenommen, ein Stück Kartoffelsack drum rum gewickelt. Die Büchse, ohne sie zu beschädigen, wieder in den Radstock hinein geschlagen, das Rad auf die Achse geschoben. Der Wagen war wieder fahrbar.

Da kam auch Karl zurück und sagte: „Der Schmied ist nicht daheim." Heinrich meinte: „Dann fahren wir eben so." Denn die Kühe waren schon angespannt, was Karl gar nicht gefiel. Als er dann unterwegs hörte, dass die Sache repariert ist, war er beruhigt. Wir fuhren hinauf zu den drei großen Eichen, damals waren es noch drei. Drüben hinab bis zum Bächlein, das von Ohmes herunter kam. Von da aus kam das lange Stück bis hinauf zum Arnshainer Wald. Es war der Weg, wo ich vor einiger Zeit das Holz abgelegt hatte. In diesem langen Stück zogen zwei Gewanne weit hinüber in Richtung Ohmes. Es war ein großes Hangstück und hieß Kamberg. Zwischen den beiden Gewannen lief ein Feldweg, einfach nur zwei Spuren in den Rasen geschnitten. Wo es feucht war, waren die Spuren tiefer. Auf diesem Feldweg befanden wir uns. Wir drei Strategen saßen auf unserem Leiterwagen auf der rechten, also auf der unteren Seite. Brav nebeneinander. Karl und ich erzählten Kriegserlebnisse, und Heinrich hörte gerne zu. Wir hatten uns so in Hitze geredet, dass wir nicht auf den Weg achteten. Der Wagen, sowieso nach unten rechts überlastet, fuhr rechts in eine tiefere Stelle, der Wagen kippte ganz schnell um, und wir drei Schlauberger flogen zum Glück in ein Kartoffelfeld. Karl und ich liefen sofort zu Heinrich. Denn er flog am weitesten. Beim Abstauben merkten wir schon, dass nichts gebrochen war. Auch Karl und ich waren noch ganz. Jetzt aber schnell zu den Kühen. Denn die Deichsel hätte doch ein paar Hörner abschlagen können. Aber auch die Hörner waren alle noch dort, wo sie hingehören. Nur die Kühe schauten etwas beleidigt. Gedacht werden sie allerdings haben: „Euch drei Rindviechern geschieht recht." Damit hatten sie auch wirklich recht, denn wir haben tatsächlich dumm aus den Wäsche geschaut und mussten erst einmal das Glück, das wir gehabt hatten, verdauen.

Als wir den Wagen wieder auf vier Rädern hatten, sagte Karl: „Davon dürfen wir daheim nichts sagen." Heinrich nickte nur, ihm saß der Schrecken noch in allen Gliedern. Heinrich, der immer den Kutscher machte, kam nun beim Aufladen auf den Wagen, und dort blieb er auch, bis wir zu Hause am Hof waren. Unterwegs redeten Karl und ich nur von unserem Unfall. Nicht auszudenken, was da hätte passieren können. Aber bloß kein Wort darüber zu Hause. Denn dort waren zwei handfeste Frauen, die ein gutes Mundwerk hatten. Da hätte es eine Standpauke gegeben. Wir hätten bestimmt kein Abendessen gebraucht.

Ich gehörte schon fast zur Familie. Ich war bei jeder Arbeit dabei. Beim Essen saß ich mit am Tisch. So ging die Zeit dahin. Eigentlich ging es bei den Familien Rahn-Engel ruhig zu. Obwohl alles schon auf Rahn überschrieben war, regierten „Schütze Helma" (die Oma) und „Schütze Heinrich" (der Opa) noch mit. Sie waren ja auch noch rüstig. Helma war Chefin in der Küche. Da ließ sie sich das Heft nicht aus der Hand nehmen. Sie verfügte sogar über die Finanzen, die im Haushalt nötig waren. Der Berta, ihrer Tochter, die doch jetzt die Chefin war, war es so, wie es war, ganz recht. Denn Oma hatte Arbeit, und sie konnte sich um alles andere kümmern. So war es auch mit Heinrich, er war im Stall, in der Scheune, am Holzplatz. Nebenbei hat er in der Nachbarschaft noch Kälbern auf die Welt geholfen.

Ich hatte mich noch oft bemüht, meine Angehörigen über das Auffanglager „Furth im Wald" nach Deutschland zu bekommen. Alles war vergebens. Die Tschechen ließen niemanden mehr raus. Meine Arbeit in Frankfurt lief auch so weiter. Montag früh mit dem Lkw hin, freitagabends wieder zurück. Dabei lernte ich einen älteren Hilfsarbeiter kennen, der auch ein Vertriebener war. Er stammte aus der Mieser Gegend und wohnte jetzt in Ohmes. Weil wir uns gut verstanden, besuchte ich ihn einmal. Bei diesem Besuch lernte ich seine Tochter, Maria Ott kennen, die dann auch meine Frau wurde. Sie war vor den Russen geflohen und hatte auch nur das, was sie am Leibe trug. Nun mussten wir uns aber nach einer Wohnung umsehen, aber wo?

Da hat sich Heinrich wieder eingeschaltet. Er hat doch seinem Nachbarn auf der anderen Straßenseite, Karl Hahn, gut zugeredet, dass er uns ein zwölf Quadratmeter großes Stübchen gab. Wir freuten uns sehr. Für Tapeten war kein Geld, also wurde es mit angerührtem Kalk rausgeweißt. Nun war es ein sauberes Stübchen. Aber wir hatten keine Möbel, ja, wir hatten doch gar nichts. Da gab uns die Familie Hahn ein altes Bett vom Dachboden, einen Strohsack, den wir in der Scheune mit Stroh vollstopfen durften, und zwei Stühle vom Dachboden. Na also, das war doch schon mal was. Da ging ich zum Schreiner Max Knöchel und erzählte ihm meine Lage. Ich brauchte halt dringend einen zweitürigen Schrank und einen Tisch. Aber ich hatte kein Geld. Da sagte Max: „Wie ich so von den Leuten höre, sollst du ja ein fleißiger Kerl sein. Du verdienst doch in Frankfurt jeden Tag Geld. Wenn es auch nicht viel ist, aber in diesen schlechten Zeiten müssen wir halt damit zurechtkommen. Also, du bekommst Schrank und Tisch, und du bezahlst es mir so, wie du kannst." Da hätte ich beinahe nasse Augen bekommen. Denn so viel Vertrauen hatte dieser Mann zu mir fremdem Vertriebenen. Ich konnte gar nicht sprechen, nur die Hand habe ich ihm gedrückt. Wir haben dann beide Wort gehalten.

Aber da stand doch schon das nächste Problem vor der Türe. Denn wir wollten doch auch ab und zu etwas essen. Aber in unserem Stübchen fehlte ein Ofen oder Herd. Und während wir uns den Kopf zerbrachen, wo wir ein Öfchen herbekommen, kam „Schütze Helma" zur Türe rein. Denn sie wollte doch sehen, was wir aus diesem vergessenen Stübchen gemacht haben. Es war schön zu wissen, dass sie sich um uns Sorgen machte. Sie hatte aber unsere Sorgen vom Flur aus schon mitgehört und sagte plötzlich: „In Ehringshausen beim Weiffenbach gibt es so kleine gusseiserne Herdchen, die kosten 80 DM, ich leih euch das Geld, dann könnt ihr kochen und kleine Sachen backen."

April 1949 Hochzeit mit Maria Ott.

Wir fielen aus allen Wolken. Dass es so etwas noch gibt. Wir konnten es kaum glauben. Darum tat mir das, was ich ihr sagen musste, selber weh. Ich sagte: „Oma, wir danken dir von Herzen, dass du das für uns tun willst. Aber wir sind doch junge Leute und hätten halt auch gerne einmal einen weißen Herd."

Aber jetzt gingen der guten Helma die Pferde durch. Sie schlug die Hände über dem Kopf zusammen und sagte ganz laut: „Du Leiwerche, du Leiwerche, da will man da Leut was Gudes tun, und die wolle's noch net emal. Dann seht awwer, wo ihr einen herkriegt." Da sagte ich: „Oma, du könntest uns aber doch noch helfen." „Und wie?", sagte sie noch ganz barsch. „In der Scheune", sagte ich, „steht der alte, ausrangierte dreistöckige Ofen. Wenn du uns das Unterteil davon solange leihen würdest, bis wir uns einen weißen kaufen können, wären wir dir sehr dankbar." Sofort war Helma wieder guter Laune. Sie konnte also doch etwas tun.

Also ging es sofort in die Scheune. Weil ich bei Heinrich schon einmal Andeutungen über den unteren Teil dieses Ofens machte, hat er wahrscheinlich vorausgeahnt, wie es kommt. Er kannte ja seine Helma. Darum lagen auch schon Werkzeug und zwei kurze Kanthölzer parat. Eigentlich tat mir dieser schöne Ofen leid. Ich fragte Heinrich: „Warum steht denn der in der Scheune?" Er zuckte nur mit den Schultern. Scheinbar ging es ihm genauso wie mir. Aber er war ja im Außendienst. Möbel waren nicht sein Ressort.

Da fingen wir an, das gute Stück abzustauben. Dann mussten die Schrauben rundum gelockert werden, was nicht so einfach war. Denn sie waren ja nicht mehr die Jüngsten. Dann musste Karl Rahn mit zupacken, weil die oberen zwei Teile schwer waren und hochgehoben werden mussten. Heinrich musste den unteren Teil herausziehen und die Kanthölzer hinlegen. Das Anheben war ja nicht das Schlimmste. Aber nun mussten wir 70 Zentimeter senkrecht nach unten auf die Kanthölzer. An den Oberteilen waren Verzierungen aus Metall, die durften wir nicht abbrechen. Was bei dem Gewicht gar nicht so einfach war. Zum Schluss mussten wir mit diesem Gewicht noch Kniebeugen machen. Heinrich musste vorne anhalten, dass er nicht kippt. Dann waren wir endlich auf den Kanthölzern. Da waren wir beide auch fix und fertig. Zu Karl sagte ich: „Wenn ich Geld hätte, würde ich einen ausgeben." Da brachte doch Karl von irgendwo her ein Flasche selbst gebrannten Schnaps. Im Schnapsbrennen war Karl Meister. Weil wir kein Gläschen hatten, tranken wir aus der Flasche. Karl sagte: „Jeder trinkt daumenbreit, das sind zwei Gläschen." Er war der Erste, da sah ich doch, dass er beim Trinken mit dem Daumen nach unten rutschte, dadurch hatte er doppelte Portion. „Du hast geschwindelt", sagte ich, „so mache ich es jetzt auch." Dann waren wir aber der Meinung, dass wir doch noch einen verdient hätten. In dieser Zeit suchte Heinrich die passenden Ofenrohre. Er brachte auch gleich die Mistkarre mit. Darauf wurde der untere Teil des Ofens geladen, und ab ging die Fuhre auf die andere Straßenseite zu Hahn (Königs). Dort mussten wir zwei Treppen hoch mit unserem Ofen. Aber das war kein Problem. Bei den Promille, die wir intus hatten, war keine Treppe zu hoch. Den Ofen hingestellt, die rostigen Rohre unten am Hof etwas abgebürstet. Heinrich baute alles zusammen. Er hatte ja nichts getrunken. Wir zwei waren eifrige Zuschauer. Etwas Holz lag schon parat, da machte Heinrich auch gleich Feuer, um zu sehen, ob der Ofen auch zieht. Und siehe da, unser Ofen brannte. Als er aber wärmer wurde, zog ein feiner Duft durch das Stübchen. Da sagte Heinrich: „Der Rost an den Rohren brennt ja ab." Da flüsterte mir Karl ins Ohr: „Da war auch noch was von der Mistkarre dran." Er machte auch gleich das Fenster auf, und schon war es angenehmer.

Na also, jetzt hatten wir schon ein Bett mit Strohsack, zwei wacklige Stühle und einen Teil eines Ofens, der brannte. Und ein warmes Stübchen. „Schütze Helma" hat die Sache abgenommen und war zufrieden. Aber auch bei Königs, wo wir von nun an wohnen wollten, war eine ältere Frau, die das Sagen hatte. Als „Königs Katrin" war sie allen bekannt.

Ihr Sohn, der „Königs Karl", kam krank aus dem Krieg heim. Seine Frau, die Marie, war ein gutmütiger, verträglicher Mensch. So kam es, dass die Katrin den Ton angab, und sie machte es gut. In ihrer Art war sie gerade raus, aber nicht bösartig. Es lief einfach alles wie am Schnürchen. Auch sie hat sich unsere Arbeit angeschaut und meinte: „Sieh mal einer an, was ihr aus dem Stübchen gemacht habt. Früher waren leere Kartoffelsäcke und Krimskrams drin. Awwer was riecht denn da so?" Da sagte Heinrich: „Der Rost brennt von den Rohren ab." „Ach sooo", meinte sie. Als sie sah, dass wir noch keinen Tisch hatten, sagte sie: „Dann esst ihr eben solange bei uns in da Küch'." Meine Frau kam ja auch aus der Landwirtschaft und hatte, während ich die Woche über in Frankfurt war, einmal bei Schütze, einmal woanders, aber am liebsten bei „Königs" Oma gearbeitet. Auch ich konnte in Frankfurt jede Menge Überstunden machen. So

konnten wir einiges sparen. Denn wir mussten ja jeden Topf und jeden Stuhl kaufen. Max Knöchel würde auch bald den Schrank bringen. Er meinte ja: „So um die 250 DM musst du schon rechnen." Das war zwar billig, aber wenn man kein Geld hat, ist es doch viel. Und siehe da, am Wochenende danach stand Max mit dem Tisch auf der Schulter vor der Haustüre. „Der Schrank", sagte er, „kommt gleich." Da kam auch schon der Winkelbauer, ein vertriebener Schreiner, der bei Max arbeitete. Auf einem Handwägelchen hatte er sämtliche Teile des Schranks. Im Handumdrehen hatten die beiden den Schrank zusammengebaut. Er hatte schöne breite Füße, der obere Abdeckteil schaute fünf Zentimeter nach vorne über, sah aus, als wär's ein Dach. Er war 1,80 Meter hoch und 1,10 Meter breit. Max hatte vorher alles ausgemessen, denn größer durfte er auch gar nicht sein. Max gab ich unser ganzes Erspartes, es waren 80 DM. Er schmunzelte, klopfte mir auf die Schulter und sagte: „Hab ich doch recht gehabt." Mein Gott, waren das noch Zeiten.
Da kamen auch schon Oma Katrin und Marie zur Türe herein. Sie mussten doch sehen, was es wieder Neues gab. Oma hielt die Hände vors Gesicht, fast hätte sie geweint. Dann nahm sie meine Frau bei der Hand und sagte: „Was habt ihr aus dem ‚Kartoffelsackstübchen' gemacht."
Es wurde weiter eisern gespart, dass Max sein Geld bekam. Ich sagte: „Er war anständig, müssen wir es auch sein." Zwischendurch fuhr meine Frau mit dem Fahrrad nach Alsfeld in die Stuhlfabrik und kaufte für 12,50 DM einen Stuhl. Transport am Fahrrad. Zweimal. Jetzt hatten wir auch keine wackligen Stühle mehr.
Es wurde weiterhin jede D-Mark gespart. Denn wir wollten doch einen weißen Herd. In Alsfeld, in der Obergasse, war ein Geschäft mit Haushaltsgeräten. Dort haben wir uns schon einen angeschaut. Bei dem passten auch die Maße. Er kostete 175 DM. Als wir dann endlich 180 DM gespart hatten, fuhr ich Samstag früh nach Alsfeld und kaufte diesen schönen Herd. Jetzt aber mit Tempo nach Ober-Gleen. Dann gingen ich und meine Frau auf dem holprigen, mit tiefen Spuren versehenen Feldweg drei Kilometer nach Ohmes. Meine Schwiegereltern hatten einen Handwagen. Damit ging es elf Kilometer nach Alsfeld. Den Herd aufgeladen und zwölf Kilometer (keine Asphaltstraße) nach Ober-Gleen transportiert.

Da wurden wir schon erwartet. Denn es hatte sich schnell herumgesprochen, dass die Brückners sich einen Herd gekauft haben. „Schütze Heinrich" hatte schon Werkzeug in der Hand. Weil doch die Beine für den Transport abgeschraubt werden mussten. Die mussten dann auch wieder dran. Nun hat Karl Rahn wieder mit zugepackt. Den alten Ofen hinunter- und den neuen hinauftragen. Dieses Mal ging es ohne Schnaps nicht so flott, aber es ging. Jetzt stellten wir fest, dass der neue Herd einen Abzug von 12,5 Zentimetern hat. Wir hatten aber nur Rohre vom alten Ofen mit einem Durchmesser von zehn Zentimetern. Geld für neue Rohre war nicht vorhanden. Da sagte Heinrich: „Ich glaube, bei mir im Schuppen liegt irgendwo ein kurzes Stück Rohr mit 12,5 Zentimeter Durchmesser. Aber wo?" Da haben wir zu dritt den Schuppen durchsucht. Und siehe da, es hatte sich vor lauter Angst in der hintersten Ecke versteckt. Nun mussten wir auch noch ein Stück Draht suchen. Denn am Zug vom Herd passte das Rohr. Also mussten wir den 12,5-Zentimeter-Rohrstutzen oben etwas aufmachen, das Zehn-Zentimeter-Rohr einführen und mit Draht fest zudrehen. Jetzt hatte der weiße Herd sogar ein Rohr. Wenn auch rostig.

Heinrich hatte vorher schon Kleinholz gemacht, und schon war Feuer im Herd. Also, da haben wir doch alles richtig gemacht. Helma, Katrin und Marie haben die Sache mit Kennerblicken abgenommen und für gut befunden. Vor allem Katrin freute sich, weil das Stübchen immer freundlicher wurde. Ich hätte mich ja auch gerne noch länger über den schönen Herd gefreut. Aber ich musste doch den Handwagen drei Kilometer querfeldein nach Ohmes zurückbringen. Dort wurde auch viel gefragt. Und morgen, Sonntag, wollen sie sich dieses Prachtstück einmal ansehen.

Ich war froh, dass ich wieder daheim war. Denn wir hatten doch 25 Kilometer mit dem Handwagen hinter uns. Dann saßen wir die halbe Nacht auf dem Bett und freuten uns über unseren schönen Herd, den Schrank, den Tisch und die Stühle. Das alles gehörte uns. Wir hatten wieder etwas Eigenes.

Sonntag hat meine Frau gleich Kuchen gebacken. Das Mehl war von Katrin. Aber da hatten wir schon die erste Enttäuschung: Der Kuchen war zwar durchgebacken, wurde aber nicht braun, war blass, hatte also nicht genug Hitze. Wir konnten Feuer machen, wie wir wollten, der Kuchen blieb blond. Aber das wusste Heinrich wieder Rat. Er meinte: „So etwas hatten wir auch schon einmal. Da geht das Feuer zu schnell um die Backröhre rum, und die Hitze ist fort." Er wusste auch schon, was da gemacht werden muss. „Irgendwo in meinem Schuppen liegt ein altes, abgefahrenes Pflugschar", sagte er. „Das legen wir im Ofen an die Ecke der Backröhre hin, dann kann das Feuer nicht so schnell fort." Also ging es in den Schuppen. Denn im Suchen waren wir ja gut. Darum haben wir es auch gleich entdeckt. Nun musste der Herd hinten aufgeschraubt werden, damit wir an das Innenleben kamen. Das Pflugschar an besagter Ecke angebracht und wieder zugeschraubt. Aber man sollte es nicht glauben, der Kuchen blieb blond. Wir dachten schon, dass der Herd einen Fehler hat, und haben uns damit abgefunden, dass wir nur noch blonden Kuchen haben werden. Heute würde man sofort reklamieren, aber damals musste man froh sein, wenn man so etwas überhaupt bekam.

Obwohl meine Frau nichts sagte, sah ich ihr an, dass ihr die Rohre nicht so ganz gefielen. Mir ja auch nicht. Aber wir mussten Heinrich sehr dankbar sein, dass er sie uns gegeben hat. Und weil nirgends bessere zu haben waren, waren wir heilfroh, dass wir sie überhaupt hatten. Als ich nach längerer Zeit einmal nach Kirtorf kam, da sah ich doch im Geschäft Merkel nagelneue Ofenrohre, sogar im Durchmesser 12,5 Zentimeter. Da war ich aber ganz schnell drin. Der alte Herr Merkel war im Laden. Ich brauchte zwei Meter Rohr, ein Knie und eine Rosette, wo es in den Schornstein hineingeht. Als er aber die Rechnung machte, fehlten mir 6,30 DM. Ich sagte: „Bis ich das zusammenhabe, sind vielleicht die Rohre wieder weg." Denn damals gab es doch solche Sachen nur selten. Und 6,30 DM waren zu dieser Zeit auch kein Taschengeld. Da sagte doch dieser gute Mann: „Ich glaube, dass ich Ihnen vertrauen kann. Ich bekomme doch das Geld?" „Sobald ich kann", sagte ich, und so war es dann auch. Und wir zwei waren Freunde.

So musste ich das Fahrrad mit Rohren beladen von Kirtorf nach Ober-Gleen schieben. Als ich durchs Dorf schob, fragten viele, wo es diese Rohre gibt.

Am Schlag angekommen, wurden die alten Rohre abgebaut und die neuen eingesetzt. Nun war es ein anderes Bild. Die Rohre waren

zwar nicht weiß wie der Herd, denn das gab es damals noch nicht. Aber sie waren neu und glänzten. Sofort war Katrin zur Stelle, sie kam gerade vom Feld. Sie freute sich genau so wie wir. Auch Heinrich und Helma freuten sich mit. Welch eine Errungenschaft. Unser einziges Stübchen war so schön, dass es allen gefiel.
Da sagte Katrin: „Wenn das kein Grund ist, einen Kuchen zu backen. Die Zutaten spendiere ich, auch wenn es ein blonder wird." Kurz danach hat meine Frau schon angerührt und geknetet, und schon war er in der Backröhre. Als die Backzeit hätte zu Ende sein müssen, sah meine Frau nach. Ganz aufgeregt sagte sie: „Schau mal her, schau mal her!" Da lag doch ein zwar trockener, aber goldgelber Kuchen im Rohr. Genau so aufgeregt rief sie: „Frau Hahn, Frau Hahn!" Katrin kam im Laufschritt, weil sie dachte, es wäre etwas passiert. Als sie diesen schönen Kuchen sah, war die sonst so gesprächige Frau ohne Worte. Es lag also an den Ofenrohren. Unser Herd war in Ordnung.
Jetzt wurde Kaffee gekocht, nein, Linde's war's. Katrin hat Heinrich und Helma geholt, Berta kam auch mit, Marie und der kranke Karl. Marie brachte viele Tassen mit. Unser Stübchen war noch nie so gut besucht, es hätte auch keiner mehr Platz gehabt. So gut haben Kaffee und Kuchen noch nie geschmeckt. So war es früher in Ober-Gleen am Schlag. Eine für mich unvergessene Zeit.
Es war gut, dass wir uns bis jetzt schon das Allernötigste angeschafft hatten. Denn diese Homberger Firma unterstand der Stadt Frankfurt, lieferte also nur Arbeitskräfte. Sie kassierten pro Mann und hatten ohne Risiko ein sorgenfreies Leben. Als aber die Stadt Frankfurt sagte, dass sie ab jetzt selbstständig weitermachen und, um Arbeit zu bekommen, einreichen müssen, waren sie dazu nicht in der Lage. Da half auch der „KZ-Vorteil" nicht, sie waren pleite.
Da waren die oberhessischen Arbeiter wieder arbeitslos. Denn ohne Fahrzeug war es schwierig, nach Frankfurt zu kommen. Man konnte zwar bei Bauern fürs Essen arbeiten. Aber wir mussten doch noch viele Anschaffungen machen. Wir hatten ja nur geliehene Töpfe, Tassen und Teller. Wäsche und etwas zum Anziehen für Sonntag brauchten wir auch. Jetzt herrschte bei uns Schmalhans als Küchenmeister.
Dazu kam noch, dass meine Frau schwanger wurde. Da ließ ich sie nicht mehr bei Bauern arbeiten, denn die ließen uns ja nur die

schwere Arbeit machen fürs Essen. Von da an war sie nur noch bei der Katrin in der Küche, als Köchin. So konnten Marie und Katrin die Arbeiten draußen auf dem Feld machen, was Karl nicht mehr konnte. Wo Not am Mann war, sprang ich mit ein. So lief die kleine Landwirtschaft ganz gut. Katrin hat sich um meine Frau gesorgt, als wäre es ihre Tochter. Dadurch geriet die gute Marie immer mehr in den Hintergrund. Aber sie konnte doch auch nichts dafür, dass sie keine Kinder bekam.

Raue Schale, weicher Kern. Auf Katrin traf das zu, sie war nach außen etwas barsch, nahm kein Blatt vor den Mund. Man wusste, woran man bei ihr war, sie war ein guter Mensch. Einmal kam ich in den Stall, sie saß auf dem Melkschemel und hatte den Kopf an den Bauch der Kuh gepresst. Ich sah, dass da etwas nicht ganz stimmte. Als ich meine Hand auf ihre Schulter legte, sah sie hoch. Sie weinte sehr. Ich sagte: „Wegen Karl?" Er hatte sich im Krieg eine Blutkrankheit geholt, die von Zeit zu Zeit ausbrach, der Blutverlust warf ihn dann ins Bett. Ich sagte zu ihr: „Komm, lass mich melken." Sie schüttelte den Kopf. Diese beiden Frauen waren eigentlich froh, dass wir da waren.

Es kam aber auch alles auf einmal. Die beste Zug- und Sattelkuh hatte sich den Vorderfuß so verletzt, dass sie abgeschafft werden musste. Karl setzte sich stundenlang in den Stall, nur dass er in der Nähe seiner guten Kuh war. Vielleicht war er der Meinung, dass es ihr hilft, wenn er in ihrer Nähe ist. Am anderen Tag habe ich drüben bei Schütze geholfen, wir waren draußen am Feld. Als ich abends heimkam, ging ich zu Karl in den Stall. „Wo ist denn die Kuh", sagte ich, „und wo ist das Rind?" Er meinte: „Der Viehhändler von Ohmes war da, der hat eine gute Zugkuh, und in der Milch wäre sie auch gut. Aber ich musste das Rind dazugeben. Er hat beide gleich mitgenommen. Morgen bringt er die Kuh." Karl konnte ja nicht nach Ohmes, um die Kuh anzusehen. Das wusste dieser Gauner. Ich war wieder bei Schütze und war schon gespannt, was mir abends der Karl für ein Prachtstück zeigen wird. Schon von draußen sah ich durch die offene Stalltüre Karl sitzen, den Kopf in beide Hände gestützt. Da ging ich noch schneller, um zu sehen, was Karl so Kopfzerbrechen machte. Schon von der Stalltüre aus sah ich dieses Prachtstück. Das war eine Frechheit. Sie war zwar schön gezeichnet, es war eine Rotschecke, aber ich hatte bis dahin keine ältere Kuh gesehen. Lange, nach unten geschwungene Hörner, sodass gerade das Stirnblatt (Joch) dazwischen ging. Das Euter voller Falten, da konnte nicht viel Milch drin sein. Katrin und Marie kamen vom Feld. Sie schlugen die Hände überm Kopf zusammen. Ich hätte nicht in Karls Haut stecken wollen. Ich setzte mich zu ihm, er war mir dankbar dafür. „Es ist nun mal passiert", sagte ich, „aber mach nie mehr einen Handel alleine. In Zukunft schauen wir uns an, was die zu bieten haben."

„Schütze Heinrich" hatte ich von diesem Handel schon nachmittags erzählt. Darum stand er auch schon in der Stalltüre und war baff, als er das Prachtstück sah. Ich machte ihm ein Zeichen, vorsichtig zu sein. Karl war total fertig. Diese Sache hatte sich schnell herumgesprochen, und der Viehhändler hatte wahrscheinlich auch gehört, dass die Familie Hahn nicht zufrieden ist. Nach einiger Zeit kam doch dieser Kerl tatsächlich wieder an. Karl und ich waren gerade im Stall. Ich stellte mich an, als hätte ich keine Ahnung. Er meinte, wenn die Kuh nicht zusagt, dann nimmt er sie auch wieder zurück. Da sagte ich: „Ja, warum denn, die ist doch schön rotscheckig?" Ich wollte ihn in Sicherheit wiegen. Karl gab ich ein Zeichen, ruhig zu sein. Da meinte er, dass er jetzt eine sehr gute Kuh hätte. Er hätte sie selber schon gefahren, eine zugfeste Sattelkuh, gut in der Milch. Aber da müsste natürlich schon draufgezahlt werden. Karl hatte noch ein schönes Rind. Da meinte ich: „Wenn die Kuh so schön ist, würde denn das Rind reichen zum Draufzahlen?" Er zog die Schultern hoch und sagte: „So ungefähr." Da nahm ich den Besen und sagte: „Raus hier, sonst kracht's!" Er sah, dass es mir ernst war und verschwand. Heinrich kam an und hatte das mitgekriegt. Er sagte: „Den Kuhmistbesen wollteste ihm um die Ohren hauen, so hab ich dich ja noch nie gesehen." Karl sah man an, dass ihm wohler war. Dann haben wir drei noch eine Weile auf der Hofbank gesessen. Zu Karl sagte ich: „Dein Rind lehre ich das Ziehen, und bis zum Herbst ist es perfekt. Aber lass nur diesen Kerl nicht mehr in deinen Stall, sonst hast du bald nichts mehr drin." Er war so erregt, dass er ins Bett musste. Er wurde auch immer kränker.

Im Mai 1950 kam unser Sohn Siegfried zur Welt. Es war Sonntag, der 30. April, und wunderschönes Wetter. Da hatte meine Frau die ersten Wehen, und ich musste die Hebamme Johanna holen. Aber diese Frau war bei Werners, denn da wurde die Taufe von Norbert gefeiert. Das Haus war voller Gäste, und als ich dort ankam, fragten alle: „Ist es so weit? Ist es so weit?" Johanna sagte: „Nehmen Sie meinen Koffer mit, ich komme gleich nach." Dieser Hebammenkoffer war im ganzen Dorf bekannt. Mit dem Koffer bin ich in den Schlag geeilt. Vor vielen Häusern saßen bei dem schönen Wetter Dorfbewohner, und alle riefen mir zu: „Ist es soweit? Ist es so weit"

Die junge Familie Brückner mit Sohn Siegfried.

Als dann die Hebamme etwas später von der Tauffeier gekommen ist, hatten sich die Wehen etwas beruhigt. Siegfried hatte es sich scheinbar wieder anders überlegt, wie so oft in dieser Nacht. Und die Hebamme ist nicht etwa wieder weggegangen, sondern hat sich erst einmal zu meiner Frau ins Bett gelegt. Die hatte die Ruhe weg. Sie hat mir Aufträge erteilt: „Wir brauchen einen Waschtopf voll heißes Wasser, falls es doch einmal schnell geht. Dann brauchen wir viele Handtücher." Aber sooo viele hatten die Brückners, die ja Vertriebene waren und bei null anfangen mussten, nicht. „Haben Sie denn noch einen Bettbezug", fragte Johanna. Es war noch einer da, aber dann war der Schrank leer. Was jetzt noch reichlich da war, war heißes Wasser.

Die Wehen kamen stündlich und immer heftiger. Es wurde eine schwere Nacht. Als es aber draußen hell wurde, war es mit der Ruhe von Johanna vorbei. Da sagte sie zu Siegfrieds Mutter: „So, Mädchen, die ganze Nacht hast du Schmerzen gehabt, jetzt mach ich dir etwas zu trinken. Es schmeckt zwar nicht besonders gut, hat aber noch immer geholfen." Dann mischte sie aus verschiedenen Beutelchen ein Gebräu zusammen, das sie dann Siegfrieds Mutter, die sich sehr sträubte, einflößte. Dieses Gebräu musste aber auch Siegfried nicht geschmeckt haben. Denn plötzlich wollte er seine Behausung, in der er sich neun Monate recht wohl gefühlt hatte, fluchtartig verlassen. Das wiederum bereitete seiner Mutter große Schmerzen.

Da sagte Johanna zu mir: „Gehen Sie oben hin, denn jetzt braucht Ihre Frau etwas, woran sie sich festhalten kann. Denn nun werden die Schmerzen noch größer." Zu Siegfrieds Mutter, die vor Schmerzen schrie, sagte sie: „Nehmen Sie ihn richtig um den Hals, drücken tun Sie dann von selbst." Nun konnte man sehen, dass Johanna ihr Handwerk verstand. Jeder Handgriff saß, und schon kamen die Aufforderungen: „Drücken, drücken, noch mehr drücken! Drücken Sie auch Ihren Mann, das hilft!" Ich kam mir vor wie ein Ringer auf der Matte, im Schwitzkasten. Siegfried musste vor diesem so scheußlich schmeckenden Gebräu so viel Respekt haben, dass er unter den helfenden Händen von Johanna auf dem schnellsten Weg das Weite suchte.

„Na also", sagte Johanna, „ein Junge ist es." Denn es wusste ja noch niemand, ob es ein Junge oder ein Mädchen wird. Dann nahm sie ihn bei den Füßen, Kopf nach unten, und versohlte ihm leicht den Hintern. Klein Siegfried landete in der schon bereitstehenden Wanne mit körperwarmem Wasser. Sein erstes Bad nahm Johanna sehr gewissenhaft vor. Als er aus diesem Wässerchen kam und mit dem letzten noch verfügbaren Handtuch abgetrocknet war, sagte Johanna: „Seht mal, was das Bürschchen schon Haare hat, dem können wir gleich einen Scheitel kämmen." Dann wurde er in warme Windeln gepackt und zu seiner Mutter in das frischbezogene Bett gelegt, wo beide auch bald einschliefen.

Zwei Häuser weiter war ein netter Nachbarjunge, der Gonter Heiner, ein Schulbub. Er war sofort bereit, über die drei Eichen querfeldein nach Ohmes zur Oma zu laufen und Bescheid zu sagen. Die Oma möge aber gleich mitkommen, denn es liegt ein Berg schmutziger Wäsche da, der heute noch gewaschen werden muss, sonst ist morgen nichts Sauberes zum Wechseln da. Oma kam auch gleich mit und machte sich an den Berg blutiger Wäsche. Damals noch mit Rumpel in der Wanne. Was sie noch oft tun musste.
Es mussten Windeln und Babysachen gekauft werden. Und einen Kinderwagen brauchten wir auch. Aber diese 9,50 DM Stempelgeld reichten hinten und vorne nicht. Mit einem geliehenen Fotoapparat machten wir Bildchen von unserer neuen Familie. Die wollten wir meiner Familie in die ČSR schicken. Aber ein Brief kostete zehn Pfennig, eine Karte nur sechs Pfennig. Da haben wir ein Bildchen auf eine Karte genäht und abgeschickt. Und siehe da, sie kam tatsächlich an. Diese Zeiten kann sich heute niemand mehr vorstellen.
Bei Königs war es ja genau so. Das bisschen Milchgeld war ein Tropfen auf einen heißen Stein. Karls Zustand verschlechterte sich zusehends. Katrins Elan hat früher alle mitgerissen. Jetzt suchte sie Trost bei meiner Frau. Sie sagte einmal: „Ganz ehrlich, ich will mir gar nicht vorstellen, wie es wäre, wenn ihr nicht da wäret." Marie verkroch sich in ihrer Schlafstube, damit es keiner sah, und weinte. Wir selbst kamen uns vor wie der Strohhalm, an den sich alle klammern. Langsam wurden wir fast wie eine Familie.
Früher gab es ja fast nur Schotterstraßen. Diese hatten durch den Krieg sehr gelitten. Sie hatten Schlaglöcher, die immer größer wurden. Diese mussten, auch wenn nirgends Geld da war, repariert werden. Das hieß dann Notstandsarbeit.
So kam es, dass ich bei einer kleinen Straßenbaufirma in Alsfeld einmal drei Wochen arbeiten konnte. Ich wurde dann sogar öfter geholt, was natürlich unserer Familienkasse gut tat. Denn wir hatten uns in Alsfeld schon öfter nach einem Kinderwagen umgesehen. Aber der kostete halt 60 DM, und die hatten wir jetzt, denn ich hatte doch 80 Pfennig Stundenlohn. Also fuhr ich Samstag früh mit dem Fahrrad nach Alsfeld. Meine Schwiegermutter kam zu Fuß von Ohmes nach. In der Mainzer Gasse, vom Marktplatz aus links,

unterhalb vom Schuhgeschäft Müller, dort gab es Kinderwagen. Es waren drei zur Auswahl, für 55 DM, 60 DM und 70 DM. Jetzt wurde es schwer für mich. Denn der zu 70 gefiel mir am besten, aber ich hatte halt nur 60 DM. Die Verkäuferin war eine ältere Frau. Sie betrachtete mich und sagte: „Schwere Entscheidung?" „Ja", sagte ich, „der hier stand vorige Woche noch nicht da, aber er gefällt mir am besten. Nur mein Geld reicht nicht." Da fragte sie: „Wie viel haben Sie denn?" „60", sagte ich. Da sah sie mich an und meine: „Bringen Sie mir die zehn DM?" Ich fiel aus allen Wolken. Man muss sich vorstellen, was damals zehn Mark waren. „Ja", sagte ich, „sobald ich kann." Am liebsten hätte ich diese alte Frau einmal gedrückt. Da kam auch meine Schwiegermutter zur Türe herein. Auch ihr gefiel der Kinderwagen sofort. Als sie hörte, dass diese gute Frau uns den Wagen gab, obwohl zehn DM fehlten, da tat meine Schwiegermutter, was ich an ihr gar nicht gewohnt war, sie drückte diese gute Frau sehr lange. Ich dachte mir: Sieh mal einer an, wie dankbar doch Not macht. Ja, das waren noch Zeiten, wo ein Wort oder ein Handschlag so viel wie eine Unterschrift galt.

Nun fuhr meine Schwiegermutter mit diesem umweltfreundlichen Fahrzeug, die Geschwindigkeitsbegrenzungen streng einhaltend, die zwölf Kilometer von Alsfeld nach Ober-Gleen auf der B 62 nach Hause. Wer würde das heute noch machen?

Am Schlag hatte es sich wieder herumgesprochen: Die Brückners haben einen Kinderwagen gekauft. Da wurde eifrig hinter Vorhängen rausgespitzt, wann dieses Fahrzeug wohl ankommt. Oma hielt sich auch wieder streng an die Ortsgeschwindigkeit, sodass viele Gelegenheit hatten, ihr Urteil abzugeben. Bestaunt wurde vor allem die kleine Matratze als wärmende Unterlage im Wagen. Katrin und Marie freuten sich mit uns. Die beiden waren, seit wir einen Sohn hatten, auch lockerer geworden. Es war Abwechslung da, sie wurden von ihren Sorgen um Karl abgelenkt.

Die Straßenbaufirma in Alsfeld holte mich öfter zu solchen Notstandsarbeiten, aber es war halt immer nur Flickarbeit. Eines Tages sagte der Chef: „Hier, in diesem Bereich, gibt es keine Arbeit. Aber in Kaiserslautern gäbe es welche, beim Amerikaner. Wer von euch würde da mitgehen? Nur wäre da ein Nachteil: Wenn ich einreiche, muss ich billiger sein als die dortigen Firmen. Das heißt, dass ich den hiesigen Stundenlohn etwas kürzen müsste. Auch die Auslösung könnte ich nur halb zahlen." Was also sollten wir jetzt machen? Die meisten von uns waren Vertriebene wie ich, die große Anschaffungen machen mussten. Also hierbleiben und mit 9,50 DM Stempelgeld in der Woche hungern? Oder 350 Kilometer weiter etwas verdienen, was wir doch so dringend brauchten? Die meisten sagten ja. 14 Tage später fuhren wir auf einem Lkw 350 Kilometer weit nach Kaiserslautern. Nicht einer hatte damals ein eigenes Fahrzeug. Nun mussten wir für den Ami Parkplätze bauen. Weil die amerikanischen Lkw in ganz Deutschland herumstanden, sollten sie auf Parkplätzen gesammelt werden. Weil Kaiserslautern günstig zu Frankreich lag, sollten sie dort hin.

Denn zu dieser Zeit herrschte eine Riesenspannung zwischen Amerika und Russland, der Kalte Krieg. Darum machten die Amis mit uns, was sie wollten. Da kam einer, mit Orden behängt wie ein Pfingstgaul, vor dem die an deren Amis nur so dahin schmolzen. Er sagte, dass er in 14 Tagen so und so viele Parkplätze braucht. Früher dürften wir nicht zum Wochenende heimfahren.

Die meisten von uns waren jung verheiratet und hatten die Nase voll. Aber die Amis stellten Posten auf die Baustelle, ja sogar auf den Bahnhof, dass ja keiner stiften ging. Wenn wir dann nach 14 Tagen oder drei Wochen mal heimfahren durften, dann war die Heimfahrt eine Sache für sich. Wir mussten Samstag bis 14 Uhr arbeiten. Montag früh um sieben Uhr mussten wir wieder dort sein, sonst gab es einen negativen Eintrag in die Arbeitspapiere. Dann wäre es schwierig gewesen, woanders Arbeit zu bekommen.

Die Heimfahrt. Also Samstag um 14 Uhr Feierabend. Die Baustelle war weit außerhalb der Stadt. Im Laufschritt zum Bahnhof. Bis Gießen drei Mal umsteigen. Ab Gießen ein Schnellzug, der bei jedem Gartenzaun anhielt, bis Zell. Dann sechs Kilometer zu Fuß. Geladen wie eine Kalaschnikow, konnte man mit der Frau gerade einige Takte sprechen, schon ging es wieder Richtung Zell – Kaiserslautern.

Wenn man das heute jungen Leuten erzählen würde, die würden es nicht glauben und sich an den Kopf fassen. Aber damals ging es wahrhaftig ums Überleben. Darum haben wir, weit weg, in Kaiserslautern 18 bis 20 Stunden am Tag gearbeitet, um daheim das

Notwendigste anzuschaffen. Trotz des niedrigen Stundenlohns haben wir zu dieser Zeit noch ganz gut verdient. Es wurde an jeder Mark gespart, denn ich hätte gerne ein Motorrad gehabt, um an den Wochenenden etwas länger daheim zu sein. Nach einem Jahr hatte ich schon 1000 DM zusammen. Aber es reichte halt immer noch nicht. Da lieh ich mir 500 DM und kaufte mir bei der Firma Seitz in Homberg/Ohm eine 200er Zündapp mit sieben PS. Sie war zuverlässig, hatte Verständnis, dass sie am Heimweg schneller laufen musste als zur Arbeit. Sie war pfeilschnell, bergab schaffte sie 100 Sachen. Aber die Hauptsache war, dass ich den ganzen Sonntag daheim war.

Egon Brückner und Sohn Siegried stolz auf dem neuen Motorrad.

Wenn man denkt, dass wir doch nur das gehabt hatten, was wir am Leibe trugen – aber jetzt hatten wir ein Motorrad. Darum wurden wir von manchem wieder beneidet. Aber was ich in Kaiserslautern und meine Frau alleine daheim leisten mussten, hätte auch nicht jeder gemacht.
Karl Hahn hatte wieder großen Blutverlust und musste ins Krankenhaus. Ich kam zufällig zum Wochenende nach Hause und habe ihn besucht. Im Kopf war er klar, nur müde und schwach war er. Meine Hand hielt er, als wollte er mitgehen. Er hätte es auch getan, wenn er gekonnt hätte. In seinen Augen war Angst. So hatte ich ihn noch nie gesehen. Er hielt meine Hand. Vielleicht ahnte oder spürte er es

schon, dass es zu Ende geht. Er suchte Schutz bei mir, denn er wusste ja, dass ich ihm nur Gutes wollte. Es war ein Abschied von einem guten Menschen, der unter die Haut ging. Wäre doch Katrin, seine Mutter, oder Marie, seine Frau, mit gewesen. Aber sie hatten ja Angst, auf dem Motorrad zu sitzen. Auf keinen Fall durfte ich ihnen erzählen, wie ich diesen letzten Besuch empfand. Ich sagte, dass er wieder Blut zugeführt bekam und dass er müde war. Es war jetzt schon fast Trauer im ganzen Haus. Ich wusste, dass ich ihn nicht mehr sehen werde. Und als ich nach 14 Tagen wieder heimkam, konnte ich nur sein Grab besuchen. Im Krankenhaus hat er bei mir Hilfe gesucht. Das hat mich lange verfolgt.

Auf der Baustelle in Kaiserslautern bekamen wir eine kleine Lohnerhöhung. Das war doch schon etwas. Mir wurde Verantwortung übertragen. Unser Chef hatte auf einer Messe für Baumaschinen in der Schweiz einen Straßenfertiger gekauft. Gemessen an den heutigen war es ein Spielzeug. Er war nur 2,10 Meter breit, man konnte ihn hochwinden, dann stand er auf zwei Rädern. Hinten hatte er eine Anhängegabel – an einen Lkw angehängt, und ab ging die Post, ganz praktisch. Bis dahin mussten wir das Schwarzmaterial von Hand einbauen. Es dauerte länger und war oft nicht so ganz glatt. Das Gerät lief in der Minute zwei Meter. Der Asphalt wurde vorsichtig vom Lkw ausgekippt, nicht zu viel, ab und zu mit der Schaufel etwas nachgeholfen, dann hat es dieser kleine Kerl wunderbar glatt eingebaut. Auf diesen großen Parkplätzen wurde Spur an Spur gefahren, und es sah sehr schön aus. Es war der erste Straßenfertiger in der Bundesrepublik. Firmenchefs von weit her haben sich seine Arbeit angesehen und waren begeistert. Dieses Bügeleisen habe ich gefahren. Da war man damals schon wer.

Der Motorradkauf hat sich scheinbar doch gelohnt, denn meine Frau wurde zum zweiten Male schwanger. Aber vier Personen in zwölf Quadratmetern, das wäre es doch eng geworden. Ober-Gleen war zu dieser Zeit noch vollgestopft mit Vertriebenen. Als ich Bürgermeister August Hahn meine Neuigkeit brachte, wusste er keinen Rat. Da kamen zwei Beamte vom Wohnungsamt in Alsfeld. Sie waren sogar befugt, eine Wohnung zu beschlagnahmen, aber es war keine da. So haben sie nichts beschlagnahmt, sondern mit gutem Zureden bei der Familie Karl und Katrin Preiß in der Obergasse, obwohl sie selbst eingeengt waren, eine Stube von 18 Quadratmetern bekommen. Die Aussicht auf eine Stube, die sechs Quadratmeter größer war, war doch eine wesentliche Verbesserung. Aber das Ausziehen bei Hahn ging unter die Haut. Wäre das Ministübchen doch nur etwas größer gewesen, meine Frau wäre geblieben. Die drei Frauen hatten sich so gut verstanden, dass es ein schwerer Abschied wurde. Katrin, so ehrlich wie sie immer war, sagte: „Jetzt wird's mir angst." Da sagte meine Frau: „Ich komme, sooft ich kann." Ich will etwas vorgreifen. Katrin hing so sehr an ihrem ältesten Sohn, der hier alles Baufällige abgerissen und neu wieder aufgebaut hatte, dass sein Sterben ihr das Herz gebrochen hat. Unser Auszug hat es noch beschleunigt. Sie ist ihm nach kurzer Zeit gefolgt.

Anfangs wollte ich eigentlich nur über meine Familie schreiben. Aber ich bin der Meinung, dass man solche Schicksale mit einbinden sollte. Nun sind wir bei der Familie Preiß in der Obergasse eingezogen. Auch sie hatten Landwirtschaft. Es waren nette Leute, die eine intakte Familie hatten. Es war nie Anlass zu Streit. Sie kamen uns entgegen, und wir haben geholfen, wo wir konnten. Es harmonierte auch hier wieder. Bei Preiß hatte unser Sohn, der nun schon drei Jahre alt war, die üblichen Kleinkindererlebnisse. Denn die Tochter der Familie Preiß heiratete in einen schönen Bauernhof, Decher. Die hatten auch einen Sohn von drei Jahren. Die beiden wurden ganz schnell Freunde, und was der eine nicht wusste, wusste der andere. Damals gab es auch noch Winter mit Schnee, da konnte gerodelt und da konnten Schneemänner gebaut werden.

Bei Preiß hat auch unsere Tochter Christl das Licht der Welt erblickt. Ich hatte meiner Frau, als sie im achten Monat war, gesagt: „Wenn du etwas spürst, schicke mir ein Telegramm, dann komme ich sofort." Denn ich wollte doch bei der Geburt dabei sein, so wie beim Siegfried auch. Am 3. Juli 1953 kam der Briefträger auf dem Fahrrad und winkte schon von Weitem mit dem Telegramm, denn ich hatte ihn schon eingeweiht und ihm Trinkgeld versprochen, wenn er sofort zustellt. Nun musste es aber schnell gehen. Arbeitsklamotten ausgezogen, etwas anderes an, für Motorradausrüstung war kein Geld da. Das Motorrad war schon vollgetankt, und schon ging die Post ab. Ich war kaum 50 Kilometer gefahren, da zog hinter mir kohlschwarz ein Gewitter auf und kam immer näher. Also, das hätte mir ja noch

gefehlt, dass ich womöglich eine Stunde lang unter einer Autobahnbrücke Zuflucht suchen musste!
Die Zündapp musste zeigen, was sie konnte, sie hatte immerhin sieben PS. Also blieb der Gasgriff bis zum Anschlag aufgedreht. Bis jetzt hatte ich sie behandelt, als wäre sie ein Teil von mir, denn sie war ja auch noch nicht ganz bezahlt. Aber nun dachte sie bestimmt: Heute ist bei dem Kerl eine Schraube locker.
Als ich einmal kurz nach hinten schaute, wurde mir mulmig, denn die schwarze Wand wurde immer breiter und kam im Eiltempo an. Nun begann ein Wettrennen, denn dieses schwarze Ungeheuer hinter uns würde uns nur zu gerne gründlich waschen. Ich flehte meine Zündapp an, lass mich nicht im Stich, lauf, was du kannst. Als hätte sie mich verstanden, gab sie alles, wozu ihre sieben PS im Stande waren. Wenn es einmal etwas bergab ging, schaffte sie 100 Sachen. Auf diese Weise gewannen wir sogar einen kleinen Vorsprung. Bei der Autobahnabfahrt Homberg/Ohm musste ich die Autobahn verlassen, und auf der Kreisstraße ging es weiter.
Aber es waren halt immer noch 30 Kilometer, und auf schlechterer Straße ging es auch nicht so voran. Als ich einmal nach unten schaute und den Auspuff sah, bekam ich einen Schrecken. Den hatte ich schön poliert, aber jetzt war er tiefblau. Da sah ich, was dieses Motorrädchen ohne zu murren leisten musste. Die Zündapp hat mir dann auch vier Jahre lang auf großen Strecken gute Dienste getan.
Als ich auf die Bundesstraße 62 einbog und durch die scharfe Kurve nach hinten sehen konnte, da war mir doch durch das langsamere Fahren diese schwarze Wand schon wieder auf den Fersen. Da hieß es sich aber sputen. Denn auf den letzten zehn Kilometern wollte ich nicht doch noch gewaschen werden. Als ich in Ober-Gleen bei der Familie Preiß im Hof ankam, konnte ich gerade noch mein Motorrad abstellen, in der Haustüre verschwinden, und schon goss es wie aus Eimern. Aber ich hatte das Rennen gewonnen.
Ich eilte die Treppe hinauf, denn wir wohnten oben. Dabei ging mir allerhand durch den Kopf. Denn bei schwangeren Frauen haben ältere, erfahrenere Frauen schon immer geraten, was es wohl geben könnte. Weil es ja hieß, wenn eine Frau ab dem siebten Monat rote Backen hat, wird es ein Mädchen, sieht sie aber nicht so gut aus,

dann wird es ein Junge, und genauso sah meine Frau aus. Darum hieß es schon die ganze Zeit, ihr bekommt wieder einen Jungen. Dazu hatte meine Frau auch noch einen ziemlichen Umfang, sodass wir schon annahmen, es könnten Zwillinge sein.
Was einem doch so in Blitzeseile durch den Kopf geht. Oben an der Treppe stand die Oma und hob die Arme, was man soo, aber auch soo deuten konnte. Gesagt hat sie kein Wort. Das machte mich noch neugieriger, ich war gespannt wie eine Feder, was mich jetzt wohl erwartete. Als ich zur Stubentüre hineinsah, wir hatten ja nur eine Stube, 18 Quadratmeter, da war ja alles schon sauber. Oma war schon sehr fleißig gewesen.
Im frisch bezogenen Bett lag meine Frau und hatte im Arm ein kleines Büschelchen (so sagte man halt damals). Da gab es aber eine Begrüßung. Dann sagte meine Frau: „Ein Mädchen ist es." Na also, nun hatten wir einen Sohn und eine Tochter. Wir waren glücklich, denn damals wollten wir trotz der Armut Kinder.
Da bin ich also doch noch zu spät gekommen, und die ganze Aufregung daheim, als es ganz früh schon losging, blieb mir erspart. Denn als Nachbarn die Hebamme, Frau Ehrhard, in Kirtorf verständigen wollte, war sie schon bei einer anderen Geburt und konnte dort nicht weg. Darum musste der Hausarzt einspringen. Dr. Kiltz war ein ganz junger Arzt, er war der Schwiegersohn des scheidenden Dr. Engeland. Es war seine erste Entbindung, und er war, wie mir meine Frau sagte, sehr behutsam. Nach der Geburt hat er sogar der Oma geholfen, die Stube aufzuwaschen, denn es war so viel Fruchtwasser gewesen, dass alles schwamm. Also hat er feste mit zugepackt. Einen Tag später bekam seine Frau auch ein Mädchen, da war er ja noch in seinem Element. Er blieb auch weiterhin unser Hausarzt.
Oma war auch schon fleißig am Wäschewaschen. Auf der Rumpel musste sie diesen Berg blutiger Wäsche rumpeln, denn am nächsten Tag musste doch alles wieder frisch bezogen werden, und dazu wurde jedes Stück benötigt. Aber, aber, da hatten wir schon das nächste Problem. Wie werden wir diesen Berg gewaschener Wäsche trocken kriegen? Denn draußen regnete es. Über dem Herd war ja immer schon für alle Fälle eine Leine angebracht. Dort kamen schon mal die wichtigsten Teile hin, die zuerst gebraucht wurden. Auch die

Hausfrau, Frau Preiß, nahm einiges mit in ihre Küche zum Trocknen. Da waren wir schon eine große Sorge los, denn für den Notfall hätte es schon gereicht.
Als sich dann das Gewitter endlich verzogen hatte, kam ein schönes Lüftchen auf, und wir konnten, obwohl es schon zu dunkeln begann, die Wäsche hinter der Scheune auf die Leine hängen. Der guten Oma stieg der Kamm, beinahe wäre sie auf den Absätzen herum marschiert, denn das wollte sie absolut nicht. „Wenn heute Nacht noch ein Gewitter kommt", sagte sie, „dann hab ich mich umsonst

Familie Brückner in Hermanns Garten.

geplagt." Darin hatte sie ja recht, aber es gab ja keine andere Möglichkeit. Ich sagte: „Wir könnten sie höchstens in die Scheune hängen, aber kannst du dir vorstellen, wie sie morgen früh aussieht, wenn die Katzen darauf rum balancieren?"
Der alte Petrus meinte es gut mit uns, er ließ dieses Lüftchen die ganz Nacht blasen, und als wir früh hinter die Scheune kamen, wehte unsere Wäsche lustig im Wind. Alles war trocken. Außer der

Oma freuten wir uns alle. Sie konnte nicht anders, sie musste halt ein bisschen brummen, Glück gehabt und so. ich glaube fast, dass es ihr lieber gewesen wäre, wenn noch ein Gewitter gekommen wäre, denn dann hätte sie recht behalten. Dann hätte sie mir die Leviten gelesen. Na ja, so war sie halt. Aber sie war fleißig und jederzeit zur Hand, wenn sie gebraucht wurde, und das wurde sie jetzt oft.

Am nächsten Tag kam Frau Erhard aus Kirtorf. Sie war eine ältere, erfahrene Hebamme, die Mutter und Kind gut versorgte. Auch Oma blieb einige Tage bei uns, sodass daheim alles seine Ordnung hatte. Denn als ich am 3. Juli 1953 ganz eilig nach Hause musste, hatte man mir auf der Baustelle gesagt, dass ich schnellstmöglich wieder zu erscheinen hätte. Also musste ich schweren Herzens Ober-Gleen wieder in Richtung Kaiserslautern verlassen, aber ohne Gewitter im Nacken. So war es damals, man musste froh sein, überhaupt Arbeit zu haben, egal zu welchen Bedingungen.

Die Fahrten auf dem Motorrad waren oft sehr strapaziös, denn man musste doch bei jedem Wetter fahren. Motorraduniform wie heute gab es nicht. Es wäre ja auch kein Geld dafür dagewesen. Da war man halt das eine oder andere Mal nass bis auf die Haut. Dann, im zeitigen Frühjahr, war bis Frankfurt leichter Nebel, sodass man eine komplette Eisglasur hatte und bis ins Mark fror. Vorne wurden zwei Handtücher hineingepackt, dass die Wasserleitung nicht einfror. Inzwischen hatte fast jeder ein Motorrad, und wir fuhren in Kolonnen, das war besser. Denn ab und zu hatte auch einmal einer eine Panne, da haben wir alle geholfen.

Die Arbeiten in Kaiserslautern gingen so weiter. Da gab es in der Bundesrepublik Deutschland einen Ruck. Es war der Marshall-Plan. Amerika hatte Deutschland, das total zerbombt und zerstört war, wo Not und Hunger herrschten, eine Aufbauhilfe von 7,8 Milliarden Dollar geliehen.

Der Herrgott gab Deutschland einen weit blickenden Wirtschaftsminister Erhard. Dieser Mann hat dieses wenige Geld so geschickt verteilt, dass überall eine Starthilfe da war, aus der die Deutschen sehr viel machten. Sie räumten die zerbombten Städte auf und bauten neue. In kurzer Zeit wurden neue Straßen gebaut. In der Landwirtschaft hat sich vieles geändert. Was aber das Wichtigste

war: Die Industrie wuchs und wuchs. Plötzlich hatte jeder Deutsche, wenn er wollte, Arbeit. Er hätte 24 Stunden am Tag arbeiten können. Deutschland war im Aufbau. Jetzt konnten wir auch Kaiserslautern ade sagen, denn in Oberhessen gab es jetzt auch Arbeit.
In Oberhessen haben wir dann keine Parkplätze gebaut, da wurden dringend Straßen gebraucht. Weil diese Baustellen auch nie vor der Haustür waren, waren wir oft auch bis zu 100 Kilometer von daheim entfernt. Da wir aber inzwischen alle Motorräder hatten, konnte jeder, wenn er wollte, nach Feierabend heimfahren. Vor allem mittwochs. Kein Ami hätte ihn aufgehalten.
So verging die Zeit im Fluge. Nun war unsere Tochter schon dreieinhalb Jahre alt, und der Sohn ging in die Schule. So langsam wurde es auch in diesen 18 Quadratmetern wieder eng. Obwohl schon viele Vertriebene von Ober-Gleen nach Gießen, nach Frankfurt, in den Ruhrpott umsiedelten, wo es bessere Arbeitsbedingungen gab, gab es in Ober-Gleen noch keine richtige Wohnung. Nur über der Wagnerei Seitz waren eine Küche, ein Schlafzimmer, ein Kinderzimmer. Darunter war Freiraum für Holz zum Trocknen. Dort ist uns später, wenn es im Winter kalt war, das Nachtgeschirr eingefroren. Aber es war halt doch etwas größer. Unsere Kinder waren ja keine Kinderchen mehr. In diesen 18 Quadratmetern wollte ich vor allem vermeiden, dass mein Sohn eines Tages sagt: „Alter, du warst auch schon mal besser." Also zogen wir zu Seitz.
Aber das Ausziehen bei Preiß tat halt auch wieder weh. Wir haben vier Jahre bei diesen guten Leuten gewohnt, es gab nie ein böses Wort. Dann kann man nicht sagen: „Macht's gut, wir gehen." Unsere Kinder liefen dann oft noch hin. Meine Frau ging oft noch hin, auch wenn im Sommer Feldarbeit war. Ich sage: Wichtig ist doch, dass man im Guten auseinander geht. So blieb es auch.
Wir zogen bei Seitz ein, weil es etwas größer war. Aber auf Dauer war es auch nicht das Richtige. Es war keine Toilette vorhanden. Unten im freien Raum war eine Brille zum Draufsetzen, darunter war ein Holzkasten. Den musste man, wenn er voll war, rausziehen, nach oben in den Garten tragen, ein Loch graben, den Inhalt beerdigen. In der Werkstatt lagen viele Hobel- und Sägespäne festgetreten. Ich sagte: „Wenn es hier einmal brennen sollte, da können wir nur laufen, und wenn es in der Unterhose ist." Aber etwas Besseres gab es nicht.

Die Bundesrepublik Deutschland hatte sich schnell erholt. In allen Bereichen wurde auf Hochtouren gearbeitet. Weil immer mehr Fahrzeuge gebaut wurden, mussten auch breitere Straßen gemacht werden. Das kleine Bügeleisen von Kaiserslautern war längst durch größere überholt. Ich war inzwischen Vorarbeiter. Es waren nur noch Terminarbeiten. Früher haben wir nach Arbeit gesucht, jetzt reichten die Arbeiter nicht. Ausländer wurden angeworben.
Diese kleine Straßenbaufirma Iffland in Alsfeld, die Arbeit in Kaiserslautern suchen musste, war jetzt die größte im Kreis Alsfeld. Mich schickte der Chef zwei Winter nach Frankfurt auf Schule. Dann war ich Schachtmeister.
Unsere Kinder sind ja auch gewachsen, und wir sind vier Personen. Aber auf unserem Motorrad hatten halt nur zwei Platz. Da dachten wir schon an ein Auto. Der Käfer hatte ein Jahr Lieferzeit. Da kam ein Kleinwagen auf den Markt. Die bekannte Bremer Autofirma Borgward baute einen Lloyd. Er hatte Stahlkarosserie, 600 Kubikzentimeter Hubraum und 18 PS, kostete 3800 DM. Aber das Geld reichte halt wieder nicht. Es ging kein Weg daran vorbei, ich musste wieder 1500 DM aufnehmen. Diesen Straßenkreuzer kaufte ich bei der Firma Herzog in der Hersfelder Straße in Alsfeld. Mein Gott, jetzt hatten wir doch ein Auto und Schulden wie der Hund Flöhe. Aber es war auch notwendig. Denn ich musste auf der Baustelle der Erste und immer da sein. Egal wie das Wetter war, jetzt hatte ich ein Dach über dem Kopf.
Aber auch zum Wochenende konnte die ganze Familie einen Ausflug machen. Wir wagten uns sogar bis an die tschechische Grenze. Zwischen Wunsiedel und der tschechischen Grenze liegt das schöne Städtchen Thiersheim. Dort zogen die Eltern meiner Frau von Ohmes aus hin.
Als wir das erste Mal dorthin fuhren, gab es die schönen Umgehungsstraßen, wie sie heute sind, noch nicht. Es waren enge Sträßchen, Spitzkehren oder weites Umfahren wegen Steinschlag. Unser Lloydchen hat das alles geduldig gemacht. Wir fuhren durch die Rhön, bei Bad Neustadt mussten wir durch ein Dorf, das hieß Heustreu. Davor war ein breiter Wiesengrund. In der Mitte lief ein Bach. Weil dort wahrscheinlich öfter Hochwasser war, baute man über den Bach eine Brücke. Es war ein hoher einspuriger Bogen, das

war die Hauptstraße. Um da drüber zu kommen, musste ich dem Lloydchen die Sporen geben. Als wir am höchsten Punkt waren, hatte unser Autochen noch ganz schön Schwung und sprang zwei Meter weit drüber runter. Das machte den Kinder Spaß, sie schrien: „Noch mal!" Also, weil's so schön war, noch einmal. Aber mit mehr Gas, tatsächlich sprang unser Straßenkreuzer noch weiter. Da fuhr ich doch wirklich noch einmal zurück und mit Hurra über diesen hohen Bogen. Da sagte meine Frau: „Du lieber Gott, ich hab doch hinten in einer Schüssel die Eier für die Oma drin!" Da habe ich sofort nachgeschaut. Sie hatten diese sportlichen Übungen nicht

Pause bei einem Sommersonntags-Spaziergang.

überlebt. die Schüssel konnte ich nur außen angreifen. Den Matsch in den Bach geschüttet, ausgeschwenkt, und weiter ging's.
Unser Lloydchen hatte einen Motor, den man bequem unter dem Arm tragen konnte. Was dieser kleine Kerl aber dann geleistet hat und leisten musste, war enorm. Nach seinen Weitsprungübungen bei Heustreu lief er, ohne sich zu beschweren, übers Fichtelgebirge hin, durch Wunsiedel bis Thiersheim zur Oma. Ihr wurde auch sofort erzählt, warum die Eier, die für sie gedacht waren, zu Bruch gegangen waren. Da hat sogar die Oma gelacht. Es war nur ein kurzer Besuch, denn ich musste doch Montag früh um sieben Uhr auf der Baustelle sein. Unser kleiner Freund hat uns ohne Murren sicher

nach Hause gebracht. Nun, wo wir den Weg kannten, fuhren wir öfter zu Oma und Opa. Denn wir hatten doch ein Auto.
Weil es bei Seitz' nicht das Richtige war, erwogen wir schon, nach Alsfeld zu ziehen. Aber Mietwohnungen gab es nicht mehr, nur noch zwei Bauplätze bei einer Wohnungsbaugesellschaft. Dort wurde auf Mietbasis gebaut. In 30 Jahren wäre alles bezahlt gewesen. Voraussetzung war: Man musste sofort 2000 DM haben. Aber die hatte ich nicht.
Es war um die Zeit 1956-57, da haben sich einige Vertriebene entschlossen, in Ober-Gleen zu bleiben, wenn es Bauplätze gäbe. Aber die meisten Bauern, die doch im Dorf das Sagen hatten, konnten sich nicht vorstellen, dass sich diese Leute, die sie doch wieder loswerden wollten, hier sesshaft machten. Der Bürgermeister war ja gewillt, Land für diese Zwecke freizugeben. Aber alleine konnte er es nicht.
Da gingen einige Vertriebene nach Alsfeld zum Landrat. Der war sofort auf unserer Seite. Denn er war der Meinung, dass man Leute am Land halten soll. Es zogen sowieso die meisten schon in Städte, wo es Arbeit gab. In einer Versammlung erläuterte der Landrat die Sache und die, die dagegen waren, waren nun dafür.
1959 kauften ich und meine Frau in Ober-Gleen ein Grundstück. Von März 1960 bis Juli 1961 haben wir uns an Wochenenden, Feiertagen und nachts ein Häuschen gebaut. Weil wir kein Eigenkapital hatten, war jede DM eine Hypothek zu 8,5 Prozent Zinsen. Der Schlossgarten war eine Hangwiese entlang der Bundesstraße 62. Diese eignete sich für Bauplätze. Die ersten fünf Parzellen waren 1959 im Nu verkauft. Da wurde der Rest des Schlossgartens freigegeben. Es waren noch weitere vier Plätze. Da haben meine Frau und ich aber schnell einen Antrag gestellt. Wir hatten Glück, wir bekamen noch einen.
Nur hat es bei uns mit der Bezahlung gehapert, denn ich hatte doch kurz vorher diesen Straßenkreuzer gekauft. Darum hatte ich nur ein Drittel von dem, was der Bauplatz kostete. Bürgermeister Hahn war aber Mensch und hat uns den Betrag der restlichen zwei Drittel ein Jahr lang gestundet. Auch die Bruchsteine für das Kellermauerwerk durften wir im Gemeindesteinbruch brechen. Die habe ich dann im Winter, wo wir draußen auf Baustellen nicht arbeiten konnten, gemeinsam mit meiner Frau gebrochen.

Im Frühjahr 1960 war Baubeginn unseres Häuschens. Meine Frau, mein Schwager, dem wir zuvor ein Haus gebaut hatten, und ich haben eineinhalb Jahre gearbeitet, an Wochenenden, Feiertagen und nachts. In Ober-Gleen waren sehr viele Vertriebene, die auch wahlberechtigt waren. Weil sie immer noch damit rechneten, dass es bald wieder heimgeht, gründeten sie eine Vertriebenen-Partei. Als ich 1948 aus Gefangenschaft hier herkam, waren gerade Wahlen. Die Vertriebenen-Partei hatte so viele Stimmen, dass zwei von ihnen im Gemeinderat von Ober-Gleen waren. Es zogen aber ständig welche in große Städte fort, wo Arbeit war. Auch die beiden aus dem Gemeinderat waren dabei. Darum mussten zwei andere aus dieser Partei nachrücken. Ich war in Kaiserslautern und konnte am Ortsgeschehen nicht teilnehmen. Obwohl ich immer wieder anregte, dass am Friedhof dringend eine Leichenhalle sein müsste, geschah nichts. Als 1968 wieder Bürgermeisterwahl war, gründeten Brückner, Kindermann, Renninger, Lesch und „Engel Günter" die Unabhängige Wählergemeinschaft. Denn in Ober-Gleen waren nur Bauern im Gemeinderat. Naturgemäss waren ihnen der Bulle, der Eber, die Viehwaage und die Feldwege wichtig, das Dorfbild war zweitrangig. Wir wollten doch keinen Aufruhr machen. Wir wollten nur darauf aufmerksam machen und anregen, dass auch im Dorf manches gemacht werden müsste. Und wir, die wir uns dazu entschlossen hatten, Ober-Gleener zu werden, wollten gerne unser Scherflein dazu beitragen.
Nach der Wahl stand fest, dass wir mit drei Mann im Gemeinderat vertreten sind. Es waren Egon Brückner, Alfred Renninger und Alfred Lesch. Jetzt gab es Stimmung im Dorf. Denn die Ältesten bangten um ihr Ober-Gleen. Man hörte sogar oft: „Du Liewerche, jetzt ist alles verlorn." Aber Ober-Gleen ging nicht unter. Wir haben uns eingereiht und angepasst und lebten dann friedlich neben den Ober-Gleenern. Nun wieder zu den Gemeinderäten. August Hahn blieb Bürgermeister. Er war es schon seit 25 Jahren. An so einem erfahrenen Mann soll man nicht rütteln. Die erste Gemeinderatssitzung begann so, wie die Bauern es seit 20 Jahren gewohnt waren. Der Bürgermeister rief Punkt eins auf. Aber es gab kein Echo, weder ja noch nein. Viele sahen gelangweilt unter den Tisch. Da sagte ich: „Wenn ihr unter den Tisch schauen wollt, da habe ich nichts dagegen. Aber dann

gehe ich lieber heim, denn um fünf Uhr fahre ich in die Arbeit. Darum soll der Bürgermeister gleich Punkt zwei bringen. Also das ist die Leichenhalle, unser größtes Problem." Und schon war Leben in der Bude. Ja, ist dann Geld dafür da? Oder sollen wir Schulden machen? Da sagte ich: „Ich glaube nicht, dass wir viele Schulden machen müssen. Denn in der Kasse sind 15000 DM. Der ‚Sommer Heinrich' macht den Plan. Ich bin der Erste, der die Kelle und die Schaufel nimmt. Es werden sich viele anschließen und helfen. Aber sind wir doch ehrlich, es ist ja eine wichtige Sache. Denn jeder von euch hat ein großes Haus. Also Platz genug für Verstorbene. Wenn aber ein Vertriebener stirbt, dann steht der Sarg, wenn er Glück hat, in der Scheune. Manchmal stand er auch schon am Hof. Das wollen wir doch alle nicht." Damit waren alle, wenn auch zögernd und nicht mit Begeisterung, einverstanden. Denn die 15 000 DM hätten sie gerne für einen Feldweg gehabt. Zum Bau unserer Leichenhalle kamen viele Helfer, denen ich heute noch dankbar bin. Und für damals, 1969, war sie doch recht ansehnlich, und unsere Verstorbenen hatten, bis sie beerdigt wurden, eine schöne Unterkunft.

Bei der nächsten Gemeinderatssitzung mussten die Finanzen geregelt werden. Und siehe da, obwohl wir für unsere schöne Leichenhalle ein paar DM zuschießen mussten, hatten wir einen ausgeglichenen Haushalt. Eines musste man den Bauern lassen, Schulden wollten sie ihren Kindern keine hinterlassen. Das musste man anerkennen. Aber manchmal geht es halt im Leben nicht anders. Das wusste ich selbst am besten.

Weil die Stimmung gerade etwas besser war, sagte ich: „Zu unserer schönen Leichenhalle sollten wir halt unseren Friedhof auch ein bisschen frisieren." Aber da hatte ich in ein Wespennest gestochen. „Ja geht es denn schon wieder los? Gerade sind wir mit einem blauen Auge davon gekommen, da heißt es schon wieder: Schulden, Schulden, Schulden machen."

„Bei meiner Arbeit", sagte ich, „komme ich weit umher. Da sehe ich einzelne Friedhöfe, die schlechter sind als unserer. Aber die meisten sind besser. Denn der Friedhof ist doch das Aushängeschild eines Dorfes. Die meisten Auswärtigen kommen doch auf eine Beerdigung. Ein schöner Friedhof macht Eindruck, und das spricht sich schnell herum. Den ersten Schritt haben wir doch schon gemacht.

Und wenn wir alle zusammenstehen, werden wieder viele mithelfen. Dann haben wir doch nur Materialkosten. Das schaffen wir doch." Aber begeistert war keiner. Ich merkte, dass der Bürgermeister auf meiner Seite war. Aber es musste doch zu seinen Bauern halten. Mit vielen war er sogar verwandt. Nach der Sitzung kam er an mir vorbei und sagte. „Ganz meiner Meinung." Na also.

14 Tage später, ich kam gerade von der Arbeit, es war schon dunkel, da kam August Hahn zu mir und sagte: „Die Firma Egenolf hat Steuern nachgezahlt, 30 000 DM. Es weiß noch keiner was davon. Da könnten wir doch etwas am Friedhof machen." Etwas Schöneres hätte er mir gar nicht sagen können. Die Firma Egenolf war eine Tiefbaufirma mit Sitz in Ober-Gleen. Weil es aber in der Frankfurter Gegend mehr Arbeit und bessere Preise gab, fuhren täglich fünf oder sechs Kleinbusse mit Arbeitern Richtung Frankfurt und nach Feierabend wieder nach Hause. Die Steuern aber wurden nach Ober-Gleen gezahlt. Darum stand sich die Gemeinde Ober-Gleen ganz gut.

Unser Haus.

Nun aber wieder zu unseren Friedhofsabsichten. Am nächsten Tag nahm ich von der Baustelle Eisenpfähle mit nach Hause. Diese Pfähle waren fingerdick und wurden beim Straßenbau links und rechts am Straßenrand eingeschlagen. Sie zeigten Flucht oder Kurve. Inzwischen hatte ich einen Opel Kadett. Das brave Lloydchen hatte nach sechs Jahren 130 000 Kilometer gelaufen und war altersschwach geworden. Mein Kadett hatte 1000 Kubikzentimeter Hubraum und 40 PS. Ein wesentlich stärkeres Fahrzeug, als es das Lloydchen war. Als ich den Kofferraum halb voll mit diesen Eisenstäben hatte, musste ich schnell vorne einsteigen, sonst wäre er hochgegangen. Ich hatte früher Feierabend gemacht, damit es beim Abstecken des Friedhofs noch hell war. August Hahn und meinen Sohn hatte ich über mein Vorhaben informiert, sodass ich in Ober-Gleen schon erwartet wurde.

Wir drei fingen auch gleich mit Abstecken an. Ich muss ein bisschen erklären. Ober-Gleen hat zwei Friedhöfe. Der alte, das ist der untere, wo schon ewig keine Gräber mehr sind, wo früher einmal Gräber waren, war verkommenes Grasland. In der Mitte ging ein einen Meter breiter Splittpfad hinauf bis zum Kriegerdenkmal. Links und rechts standen schöne, große Birken. Es war eine Allee. Mit etwas Aufwand wäre es ein Park gewesen. Aber wir wollten doch den oberen Friedhof abstecken. Darum fingen wir beim Kriegerdenkmal nach oben an. Ein Splittpfad führte entlang einer verwahrlosten Trockenmauer bis zum oberen Tor. Ab da steckten wir einen breiten Vorplatz bis zur Leichenhalle und einen breiten Gehweg bis hinauf zu den letzten Gräbern. Die Gräber links und rechts waren gepflegt, die Grabsteine alle sauber. Es fehlte nur ein schöner Gehweg. Und den haben wir abgesteckt. Als die Schnüre an den Pfählen befestigt waren, sah man schon, wie es werden soll.

Der Bürgermeister hatte tagsüber die Gemeindevertreter zu einer dringenden Sitzung geladen. Sie waren auch alle da. Denn er hatte gesagt, dass es sehr wichtig wäre. Darum wurde gefragt, was denn so wichtig wäre. Da sagte August Hahn: „Das mit dem Friedhof war gar nicht so schlecht. Zu mir haben schon mehrere Auswärtige gesagt, dass wir an unserem Friedhof auch mal was tun könnten." „Ja willst du denn Schulden machen?", hieß es. „Aber nicht mit uns!" Dieses Mal hatte er in ein Wespennest gestochen. Aber der alte

Fuchs kannte seine Ober-Gleener. Er sagte: „Ich meine ja nur, wenn wir Geld hätten, dann könnten wir doch was machen." „Ja, ja, wenn... Hast du uns deshalb herbestellt?" Da sagte August: „Wenn es nur ums Geld geht, das hab ich." In diesem Moment hätte man eine Nadel fallen hören können. Denn das hatte das Ober-Gleener Parlament noch nie erlebt. „Unser Haushalt", sagte August, „ist in Ordnung. Darum können wir auch die Steuernachzahlung vom Egenolf für unseren Friedhof nehmen. Es sind 30 000 DM."

Familie Brückner und Familie Ott.

„Und jetzt", sagte er, „gehen wir ganz schnell auf den Friedhof, bevor es finster wird. Es ist alles abgesteckt. Da könnt ihr sehen, wie es wird. Der Egon, ein Neu-Ober-Gleener, hat's gemacht." Und weil es die Gemeindekasse nicht belastete, waren natürlich alle dafür. Dann ging's ins Gasthaus „Zum Stern". So gut haben die Schoppen noch nie geschmeckt.
Bei der nächsten Sitzung war der obere Friedhof schon fertig und hat jedem gefallen. Da sagte ich; „Jetzt ist Ober-Gleen schon mehr

wert. Wenn wir jetzt den unteren mit einer schönen Bruchsteinmauer am Eingang, einem schönen Gehweg bis zum Kriegerdenkmal und die Mauer rund ums Kriegerdenkmal erneuern, dann hat Ober-Gleen aber ein Aushängeschild." Einige stimmten wieder das alte Lied von Schulden an. Aber die Hälfte war nicht abgeneigt. Da sagte August: „Daran habe ich auch schon gedacht, deshalb ließ ich diese Firma einen Kostenvoranschlag machen. Also der untere Friedhof wird nicht teurer als der obere. Aber dann kann sich Ober-Gleen sehen lassen." Und siehe da, Augusts Wort hatte Gewicht. Die letzten Zweifler waren zwar nicht begeistert, aber sie hoben die Hand. Ein Jahr später war auch der untere Friedhof fertig, und ganz Ober-Gleen freute sich.

Aber es war halt noch ein Problem, das seit Jahren auf dem Tisch lag, aber immer wieder zur Seite gelegt wurde: die Dorfbeleuchtung. Als dann in Butzbach drei Sträflinge ausbrachen und im Wald bei Maulbach wieder festgenommen wurden, musste schon ernsthaft darüber nachgedacht werden. Aber die Gemeinde Ober-Gleen war halt nicht in der Lage, die Dorfbeleuchtung alleine zu finanzieren. Darum wurde bei der OVAG angefragt, ob es bei solchen Maßnahmen Zuschüsse gibt. Es hieß: Zuschuss ja, aber es sind schon 26 Dörfer vorgemerkt. Das war ja keine gute Nachricht. Da hätten wir doch mindestens 20 Jahre lang warten müssen.

Kleine Privatnotiz: 1969 hatte ich Glück. Ich durfte das Sträßchen, es war ein besserer Feldweg, von Elpenrod bis Niederohmen vollkommen neu machen. Die Baustelle war vier Kilometer lang und, was für mich wichtig war, es war nur 25 Kilometer von daheim. Diese Maßnahme lag im Bereich der Straßenmeisterei Homberg/Ohm. Weil die neue Straße an vielen Stellen umgelegt oder Dämme aufgeschüttet werden mussten, kam der Straßenmeister, Herr Preiß, öfter auf die Baustelle. Wir zwei kamen ganz gut miteinander zurecht. Ich erzählte ihm auch von unserem Problem mit der Ortsbeleuchtung. Und dass die Gemeinde Ober-Gleen das finanziell alleine nicht schafft.

Eines Morgens kam er ungewöhnlich früh und sagte: „Habe Nachrichten." Da war ich aber neugierig. „Gestern", sagte er, „ bekam ich Bescheid aus Wiesbaden, dass die Bundesstraße 62 durch Ober-Gleen erneuert wird. Da habe ich mich erkundigt. Im Zuge dieser

Maßnahme würdet ihr mit eurer Dorfbeleuchtung bei der OVAG bevorzugt werden. Jetzt liegt es bei euch, wie dringend ihr es macht..."
Da habe ich aber ganz schnell August angerufen und ihm alles erzählt. Also, OVAG anrufen, sofort Kostenvoranschlag erstellen lassen. Es ging aber auch alles ganz schnell. Ich weiß heute die genauen Zahlen nicht mehr. Ist auch egal. Wir saßen beim August und haben gerechnet. Gesamtkosten, davon den Zuschuss von der OVAG abgezogen, die verbleibende Summe auf die Hausnummern umgerechnet. Alles dreimal nachgerechnet, aber es wurde nicht anders. Machte für jede Hausnummer 180 DM. Es war zu dieser Zeit wahrhaftig viel Geld. Wir hatten die Wahl: Entweder pro Haus 180 DM und Ober-Gleen nachts hell und sicherer. Oder zirka 20 Jahre auf den Zuschuss von der OVAG warten. In der Zwischenzeit würde bestimmt alles noch teurer.

August Hahn berief die Sitzung ein. Aber so ein mulmiges Gefühl hatten wir noch nie. Er meinte: „Hoffentlich geht das nicht schief." Ich war der gleichen Meinung. Er machte allen klar, wie wir doch noch eine Chance hätten, eine Dorfbeleuchtung zu bekommen. Alles mucksmäuschenstill. Als Zahlen kamen, Gesamtkosten, wurde sich geräuspert. Als aber die 180 DM pro Haus kamen, da saß keiner mehr auf seinem Stuhl. „Ja, seid ihr denn von allen guten Geistern verlassen? Ihr habt ja nimmer alle! So etwas kann man doch niemandem zumuten." August und ich sahen uns an. War da schon alles verloren?

Da sagte ich: „Wenn das so ist, dann können wir ja heimgehen. Aber eines sage ich euch, ich und meine Frau haben uns ein Häuschen gebaut. Wir hatten kein Geld. Jede Mark ist eine Hypothek mit 8,5 Prozent Zinsen. Ich habe mehr Schulden als jeder von euch. Aber ich zahle diese 180 DM gerne, damit unsere Kinder wenigstens etwas mehr Sicherheit haben."

August war auch geladen, als er „Ruhe!" schrie. So hatte ich ihn noch nie gesehen. „Egon", sagte er, „hat recht. Es ist zwar hart, aber wir sollten es machen. Sonst sitzen wir noch 20 Jahre im Dunkeln. Und jetzt machen wir's kurz. Wer dafür ist, hebt die Hand." Da kamen die Hände gaanz langsam. Dann noch langsamer, endlich waren sie oben. Am Heimweg sagte August: „Das war eine Schlacht. Ich hätte nie gedacht, dass wir beide so ein Team werden."

Ein Jahr später war Ober-Gleen hell bei Nacht. Da waren die 180 DM vergessen. Es war auch die letzte Maßnahme, die von der selbstständigen Gemeinde Ober-Gleen ausgeführt wurde. 1971/72 wurde sie an die Großgemeinde Kirtorf angeschlossen.

Mit diesen vier ereignisreichen Jahren, in denen für die noch selbstständige Gemeinde Ober-Gleen sehr viel erreicht wurde, will ich meine Erinnerungen schließen. Und allen, die im Gemeinderat mitgewirkt haben, meinen Dank sagen. Vor allem aber Alfred Lesch und Alfred Renninger, der uns leider schon vorausgegangen ist. Denn ich übertreibe nicht, wenn ich sage, dass wir im Gemeinderat anfangs kämpfen mussten. Bis man merkte, dass wir für unsere Heimat nur Gutes wollten.

Ich bin auch diesen Ober-Gleenern nicht böse, die nach der Wahl, als feststand, dass wir drei in den Gemeinderat kommen, sagten: „Jetzt ist Ober-Gleen verloren." Denn sie kannten uns ja nicht. Aber jetzt sind auch wir Ober-Gleener und versuchen, friedlich miteinander zu leben. Und so soll es auch bleiben.

Aber einen Mann will und darf ich nicht vergessen. Es ist August Hahn, der Bürgermeister von Ober-Gleen. Obwohl wir früher wegen einer größeren Wohnung Differenzen gehabt hatten, haben wir im Gemeinderat schnell gemerkt, dass wir auf einer Wellenlänge sind. Er sagte mal zu mir: „So gut wie jetzt ist es noch nie gelaufen. Danke."

Ein Besuch in unserer alten Heimat:
Grünlas und seine Umgebung 1987

Schon lange wollte ich wissen, wie es in unserer alten Heimat jetzt wohl aussieht. So fuhr ich 1987 dorthin.

Als ich in Schirnding das alte Zollgebäude hinter mir hatte, merkte ich nach dem Passieren der Staatsgrenze an den Straßenverhältnissen, dass ich die Bundesrepublik verlassen hatte.

Die über Eger nach Prag führende Hauptdurchgangsstraße, die frühere „Kaiserstraße," wurde von den Tschechen bis Horn, kurz vor Karlsbad, vielerorts verlegt, vor allem dort, wo sich bei dem ursprünglichen Verlauf Kohlevorkommen darunter befanden.

Bevor man Falkenau, das heutige Sokolov, erreicht, fährt man kilometerweit an einem Tagebau entlang. Dort arbeiten riesengroße Bagger Tag und Nacht. Die einen laden oben den Abraum auf Güterzüge, die anderen stehen unten auf den freigelegten Kohleflözen und baggern die gewonnene Braunkohle direkt in die bereitstehenden Waggons.

Bei Unterreichenau wird vermutlich ein Großteil der Kohle sofort verarbeitet, denn man sieht dort viele hohe Schornsteine, aus denen dicker, gelber Rauch quillt, der sich je nach Windrichtung hinauf bis ins Erzgebirge oder der Eger entlang, bis weit hinter Karlsbad zieht.

Vor Jahren wurden auch neue Trassen mit Hochspannungsmasten errichtet. Wo diese durch Wälder führten, wurden Schneisen dafür geschlagen. Die gefällten Baumstämme moderten, weil man sie einfach liegen ließ. Über Umweltschutz darf dort niemand sprechen.

Ab Falkenau führt die neue Straße nicht mehr über Altsattl und Elbogen. Jetzt verläuft sie über den Vogeleis zum Neusattler Friedhof, von da nach Grünlas hinunter, links an der „Sorg" vorbei. Unten im Grund streift sie fast die Burschtmühle und steigt dann noch in Brückner Gustl's Wäldchen, überquert zwischen Haus Guth und Lill die alte Straße von Grünlas zum Kaltenhof und führt durch den oberen Teil der Grünlaser Sandgruben. Hier beginnt schon der

Einschnitt, denn das Gelände war zu hoch und musste abgetragen werden. Am Kaltenhof blieben das Brünnerl und der Froschstein links liegen, hier durchschneidet die neue Straße das gesamte Grundstück Alois Brückner. Obstgarten, Birkenwald, Sandgrube und Steinbruch fielen zum Opfer. In dem Steinbruch gab es kompakte Quarzitsteine, aus denen Steinmetzen Mühlsteine machten.

Auf diese Steinmetzen möchte ich noch kurz eingehen, denn diese kamen täglich von Köstldorf, das mindestens 13 km vom Kaltenhof entfernt ist. Im Sommer fuhren sie mit Fahrrädern, im Winter kamen sie zu Fuß. Schon früh um halb fünf Uhr in stockfinsterer Nacht,

Am Grenzübergang Schirnding.

mussten sie losgehen und kamen gegen halb acht Uhr, bei Neuschnee die ganze Strecke hintereinander bahntretend, manchmal patschnass geschwitzt an ihrem Arbeitsplatz an.

Damals gab es ja kein Schlechtwettergeld, darum haben diese braven und fleißigen Männer solche Strapazen auf sich genommen, um ihre

Familien einigermaßen durch den Winter zu bringen. So etwas wäre heute niemandem zuzumuten. Von dreien dieser Steinmetzen weiß ich sogar noch die Vornamen. Es war der Franz und der Josef sowie der Ernst, der als Schmied immer wieder die Spitzeisen und Keile schärfen musste. Er verlor im Krieg ein Bein und besuchte mich, als ich in Elbogen im Lazarett lag. Die anderen Namen weiß ich nach so vielen Jahren nicht mehr, aber sollte einer diese Zeilen lesen, so wünsche ich Ihnen allen heute noch alles Gute.

Doch jetzt wieder zurück zu meinen Reiseeindrücken. Am Kaltenhof verläuft die neue Straße rechts am Spinnlteich vorbei in Richtung Horn. Es hieß immer, dass dieser Teich durch die neue Straße zugeschüttet wurde, aber das Gegenteil war der Fall. Der Teich ist ausgebaggert und sieht ganz gut aus.

Am Ortsausgang von Horn, beim „Alten Wirtshaus," mündet die alte Straßenführung wieder in die frühere „Kaiserstraße", und verändert bis Karlsbad ihren Verlauf nicht mehr.

Durch den aufgeschütteten Damm der Straße liegt jetzt das „Alte Wirtshaus" in Horn in einer Mulde, denn von der anderen Seite her steht der Abraum, der bei der Glashütte in Neusattl anfängt und die Erdmassen vom Tagebau in Falkenau und Neusattl aufnimmt, als hoher Berg dicht davor. Wahrscheinlich hätte man dieses heute noch so schöne Gasthaus längst zugeschüttet, aber das 300 Jahre alte Anwesen steht unter Denkmalschutz. Darum weicht man jetzt mit der Schüttung des Abraumes in Richtung Janessen aus.

Zum „Alten Wirtshaus" gehörten zwei große Bauernhöfe, deren Ländereien jetzt unter dem Abraum begraben sind. Die letzten Besitzer dieser Höfe waren die Familien Neudert und Brunner. Sie hatten auch im Wechsel von vier Jahren die Gastwirtschaft, auf der durch ein Erbgesetz verankert war, dass jeder bedürftige Durchreisende kostenlos ein Mahl bekam.

Schaut man jetzt vom „Alten Wirtshaus" hinauf zum Horner Berg, das heißt, wo er einmal war, dann friert jeder, dem an seiner Heimat etwas liegt. Nur ein paar Zacken sind noch von dem geblieben, was einst das Wahrzeichen unserer Region war.

An der Seite zum Schmalenhof hin stehen zwei große Brecher, die den Rest des Berges noch zermahlen sollen. In einigen Jahren wird niemand mehr wissen, dass dort einmal unser Horner Berg stand.

Von der Schäferei ist nichts mehr zu sehen, die ganze Kuppe, die jetzt höher liegt als die Reste des Horner Berges, ist bewaldet. Davon, dass hier Landwirtschaft betrieben wird, ist nicht viel zu merken, denn die Wiesen sind versumpft, und es steht noch das alte Gras vom Vorjahr. Meist wachsen dort angeflogene Birken.

Das Pfeiffer-Gasthaus zwischen Horn und Kaltenhof ist abgerissen. Warum reißt man nur so alte schöne Gebäude ab, sie standen doch niemandem im Wege.

Die Kreisstrasse, die früher von hier über Hunschgrün nach Chodau führte, ist hoch mit Abraum überschüttet. Hunschgrün liegt tief im Grab unter einem hohen Berg von Abraum. Wer jetzt von hier aus nach Chodau will, muss entweder über Janessen oder über Neusattl fahren.

Am Kaltenhof sind die Porzellanfabrik Dietl, das Berglhaus und viele andere Häuser abgerissen worden. Aber die Mehrzahl steht noch, darunter sind einige sogar gut erhalten. Dagegen ist das Gasthaus Fimmel verwahrlost und scheinbar außer Betrieb. Früher war es Mittelpunkt, und es hat sich vieles dort abgespielt.

Als ich am Waldrand unser Brünnerl suchte, musste ich den Einschnitt der neuen Durchgangsstraße überqueren. An der Böschung quoll Wasser heraus, das mich wie ein Magnet anzog. Ich wollte nicht glauben, dass es die Ader war, die einst das Brünnerl speiste. Aber als ich davon trank, wusste ich, dass sie es war, denn dieses weiche Wasser kannte ich nur zu gut. Es ist nicht zu fassen, dass man soviel gutes Wasser in den Straßengraben laufen lässt, wo es nach hundert Metern im sandigen Boden versiegt. Nun musste ich auf die andere Seite, denn da war ja der Froschstein, und mir war so, als hätte er mich schon die ganze Zeit beobachtet. Ich gab ihm einen Klaps und lehnte mich an ihn, diesen alten vertrauten Gesellen. Er als Einziger war noch so, wie ich ihn immer kannte. Was hätte er mir wohl alles erzählen können, wo doch unsere Großväter schon auf ihm gesessen hatten.

Nun kam ich zu unserem Brünnerl. Es ist jetzt nur noch eine kleine Grube, in der zwanzig Zentimeter hoch, stinkendes Grundwasser steht. In ein paar Jahren wird man nicht mehr wissen, wo es war. Wie im Film lief meine Jugend vor mir ab, wo ich doch einen Großteil davon hier, in diesem steinernen Meer verbrachte.

Wo früher der Überlauf vom Brünnerl ein großes Gebiet zu einer grünen Oase machte, war jetzt alles trocken und öd, denn das gute Quellwasser lief nun fünfzig Meter höher in den Straßengraben. Hier wo früher stets reges Leben war, herrschte jetzt Totenstille, die mich berührte. Nach Dreiundvierzig Jahren saß ich zum ersten Mal wieder hier in der Heimat meiner Jugend. Aber dieses Wiedersehen hatte ich mir ganz anders vorgestellt. Ein beklemmendes Gefühl bemächtigte sich meiner, als ich von diesem Platz wieder Abschied nahm.

Überrascht war ich, als ich nach Grünlas hinunter kam. Die Schule und das Kriegerdenkmal sind gut erhalten. Die Pleyer-Kapelle ist sogar frisch gestrichen. Auch bei den „Siebenhäusern" hat sich wenig geändert. Sogar die Straßen sind asphaltiert, dort liegt der Basalt vom Horner Berg.

Aber den Grünlasbach musste ich mir lange ansehen, denn das Wasser war so schwarz wie Kohle und ohne jedes Lebewesen. Das Gasthaus und die Fleischerei von Erwin Pleyer, sowie der Hof Merz sind abgerissen, dort stehen jetzt große Gebäude, vermutlich Werkstätten. Auch das „Stoa(n)-Wirtshaus" steht nicht mehr.

Wo in Neugrünlas die Ziegelei stand, ist jetzt eine Eisenbahnbrücke, denn auch die neue Eisenbahnstrecke verläuft heute über den Vogeleis zum Neusattler Friedhof und kommt über'n „Blausa" zur Glashütte. Dort ist jetzt der neue Neusattler Bahnhof. Weil unter dem alten Bahnhof und unter der Bahnstrecke nach Chodau Kohlevorkommen geortet worden waren, ist kurzerhand alles abgerissen und verlegt worden. Jetzt zieht sich vom Kaiserschacht bis fast nach Wintergrün ein riesengroßer Tagebau hin. Neusattl besteht nur noch soweit, bis die Straße links nach Elbogen abbiegt, dahinter ist schon der Tagebau. Weil dort alles bewacht wird, konnte ich nicht sehen, wie tief er ist.

Vom Neusattler Bahnhof aus sind die Gleise in Richtung Horn verlegt, und hier beginnt auch schon die große Abraumhalde, die sich durch den nördlichen Teil des Grünlaswaldes, über die Ortschaft Hunschgrün, in einer Breite von mehr als einem Kilometer bis Horn hinzieht. Tag und Nacht rollen hier Züge mit Erdmassen an.

Am Neusattler Friedhof sieht es auch nicht sehr einladend aus. Etwa die Hälfte aller Gräber werden instand gehalten, während die andere Hälfte wild überwuchert ist. Die schönen großen Lebensbäume sind abgeholzt worden. Am Eisentor muss man kräftig ziehen, damit es dann quietschend aufgeht. Was für einen schönen Friedhof hatten wir doch früher. Wenn man das Tor öffnete und auf dem breiten Weg der Kies unter den Füßen knirschte, dann hat vor Andacht niemand mehr laut gesprochen. Diese Weihe an dem Ort unserer Verstorbenen, die wir zurücklassen mussten, gibt es jetzt nicht mehr. Nach einem Gebet am Grabe meiner Eltern fuhr ich über den Goldberg hinunter nach Elbogen.

Das Krankenhaus ist in gutem Zustand, aber die tschechische Schule gegenüber ist verwahrlost. Auch in Neusattl fiel mir schon auf, dass das große Gebäude der tschechischen Schule einen verkommenen Eindruck machte, während die ehemals deutsche Schule gut aussah. Der Platz, auf dem zum Neusattler Fest die Karusselle und Schiffsschaukeln standen, ist jetzt ein Fußballplatz.

Nun aber wieder nach Elbogen. In der Brauerei werden jetzt die Hähnchen geschlachtet. Die kleinen Häuser hinter den Kino sind weggerissen. An deren Stelle wurden dicht am Hang langgezogene Hochhäuser gebaut, die mit ihrer Höhe fast bis zur Wehinger Villa hinauf reichen.

Oben auf der Kreuzstraße fällt einem sofort die Anna-Kapelle in den Blick, ein Bild zum Erbarmen. Nur die Vorderfront steht noch so, wie wir sie kannten, wenn auch schon sehr mitgenommen. In welchem Zustand die Kapelle innen und hinten ist, kann man nicht sehen, denn dort sind Spundbohlen senkrecht rundum gestellt und das Ganze wird mit breiten Eisenbändern zusammengehalten. Es sieht aus, als hätte man sie in Fesseln gelegt.

Dagegen macht die gegenüber befindliche Realschule einen sehr guten Eindruck. Aber an den Häusern bis hinauf zum Marktplatz wurde gar nichts gemacht. Ob man sie schon dem Verfall preisgegeben hat?

Bei der Burg fiel mir auf, dass an der ganzen Front zur Eger hinunter, kein einziger Baum mehr stand. Früher war es doch ein schöner grüner Wall, der die Burg umgab, jetzt sieht man nur noch nackten Felsen.

Als ich die Serpentinen in Richtung Karlsbad hochfuhr, freute ich mich schon auf die schöne Aussicht von der letzten Kurve aus hinüber zum Erzgebirge und auf das Panorama vom „Angerl" aus. Aber wie enttäuscht wurde ich da. Von der letzten Kurve aus hat sich das Bild sehr verändert. Unten im Vordergrund zieht sich das schwarze Band der neuen Durchgangsstraße vom Neusattler Friedhof kommend hinunter nach Grünlas und steigt wieder rechts zum Kaltenhof an, dahinter im Westen der große Tagebau, der schon zwei Drittel von Neusattl verschlang. Ab der Neusattler Glashütte beginnt die im Osten bis nach Horn reichende und sich als heller hoher Bergrücken darstellende Abraumhalde. Dahinter sieht man nur noch das Erzgebirge.

Am Angerl wurden die Felder und Wiesen, die bis hinunter zum Zinngraben reichten, mit Fichten bepflanzt. Dieses neu entstandene Waldgebiet erstreckt sich vom Angerl bis zur Schäferei und hinüber bis zum Schmiedwald. Die Aussicht zum Ziegenrücken und zum Kaiserwald wird dadurch vollkommen verdeckt. Den schönen Rundblick und das einmalige Panorama, wie man es von dieser Stelle aus vor fünfzig Jahren hatte, gibt es jetzt nicht mehr.

In unserer alten Heimat wird Raubbau getrieben. Es wird herausgeholt, was zu holen ist. Zu bedauern sind die Bewohner eines Grenzlandes mit so vielen Bodenschätzen, blühenden Industrien und intakter Landwirtschaft, wie es unsere Heimat bot. Nachdem ich dies alles gesehen hatte, konnte ich nur noch sagen: „Löiwa Hoimat, wos tou'n se dir bloss oa(n)?" Und ich kann nur wiederholen: „Wos mag'håt håm dahåm, hei(n)t erscht schätzt ma dean Wert, du woa(r)st unna Hoimat, vagess'n bist neat."

Für einen leidenschaftlichen Gärtner

Egon Brückners Nachbar Norbert Werner hat dem „Hobby-Landwirt und Gärtner" 2009 ein Gedicht zum 85. Geburtstag geschrieben.

„Wenn's im Frühjahr aufwärts geht,
und die Sonn am Himmel steht,
dann braucht man nicht mehr lang zu warten,
ein Schildchen an der Haustür klebt,
drauf steht: ‚Ich bin im Garten.'
Wenn es aber regnet ohne Unterlass
und der Boden ist dadurch viel zu nass,
dann sagt der Egon ganz human:
Der Petrus ist ein alter Mann,
der das Wasser nicht mehr halten kann.
Wenn die Frühkartoffeln sitzen,
fängt der Egon an zu schwitzen,
denn er weiß ja ganz genau,
bleibt das Wetter schön und lau,
kommt der Käfer aus dem Bau.
Herr Brückner tut nun recherchieren,
wenn sich die Käfer nicht genieren,
dann ist bald die Eiablage,
dann dauert's nur noch drei, vier Tage,
und er hat die rote Plage (Larven).
Den Egon nun der Hafer sticht.
Von jetzt an macht er Doppelschicht.
Es gilt die Larven zu verwalten,
wenn die sich erst am Strauch entfalten,
dann sind sie nicht mehr aufzuhalten.
Sind die Kartoffeln dann im Keller,
wird Egon Brückners Miene heller.
Käfer und Larven sind auch brav,
sie sind bereits im Winterschlaf.
Um Schweißausbrüche zu vermeiden,
lässt er das Gras vom Traktor schneiden,

dann kommt die Geste mit der Hand,
schaut her, der Graswuchs ist gebannt,
auch ohne großen Kraftaufwand.
Sind die Blumen erst gegossen,
dann wird die Natur genossen.
Jetzt kann man mit dem Egon reden,
er fühlt sich wie im Garten Eden.
Ist getan im Herbst die Arbeit,
hat er für die Kirmes Zeit.
Frisch rasiert, die Haarn gezirkelt,
sogar der Schnurrbart war gezwirbelt,
so ist er durch den Saal gewirbelt. (Das war früher)
Jetzt geht mir doch die Puste aus,
es ist auch schon stockdunkel drauß.
Auch meine Mutter lauert schon,
sie wartet sehnsüchtig auf ihren Sohn.
Dieses Gedicht, das glaubt nicht jeder,
stammt aus Norbert Werners Feder."

Egon Brückner und seine Äpfel aus dem Garten.

Gedichte

Gräinlas

Wöi uns die Čzech'n håm va daham va trieb'n,
dao is uns üwahaupt nix maïa blieb'n.
Dao drass'n håm ma g'lebt in Nåut,
oa'n månchan Toch, woa neat amål Bråut.
Ährla håm ma g'såmmelt af'n Feldan,
einst häi'n ma g'sess'n ba laa'n Tellan.

Füa uns håut's lång koa'n Arwat geb'n,
mia håm neat g'wisst, vawos soll'n ma leb'n.
Quåtier håm ma g'hat, dös war a Jåmmer,
månchas Mål woa's a Bes'nkåmmer.

Drümhåm sich vül mit nix a Haisal baut,
durt håm åffa die Schulden zan Fenster asseg'schaut.
Zan Glück hauts owa dao scho åb und zou a Arwat geb'n,
Dass ma håm känna a bisserl besser leb'n.
Schuft'n mousst ma fåsst Toch und Nacht,
dass ma die Schulden håm wieda unté bracht.

Daba san sua vül Jåuha vagånga,
wåu ma nix g'häiat häm va anåna.
Erscht wöi ma dånn in's Rentenålta san kumma, håm ma sua langsåm wieda Kontakt afg'numma.

Wöi ma dånn håm die erscht'n Gräinlas Treffe'n g'macht,
håut's fei'n af Anhieb klåppt, denn dös wa a g'lacht.
Die Zuleger Frieda, d'Fischer Gertrud u da Schano Robert håm arrangiert,
sinst va vielleicht bis heint nuch nix påssiert.

Nauch 40 Jåuhan håm sich döi Gr`äinlas wieder troff'n,
dao is sua månchara Zah' furtg'loff'n.
Dass sua vül Landsleit woa'n ban Treff'n dao,

woa füa döi Drei da schänsta Lâuh'n.

Mitt'n drin, dao häia ich a Kassett'n spül'n,
dös woa sua schäi'n, ich mouss' enk dazühl'n.
Ich hurch mit Åndåcht, wöi dös klingt,
wenn da Schuster Lois, Gråinlasa Liedla singt.
Er håut se selwa komponiert, g'spült u g'sunga,
dös håut sua schäi'n nåuch Hoimat klunga.

Koi'n Wech, koa'n Gâss haut er vagess'n,
ban Äpfelstreina, woa er am Baam draf g'sess'n.
Wer sua schäi'n va da Hoimat singt,
vagisst unna Gräinlas neat sua g'schwind.
Drum häit ich heint oa'n enk a Bitt,
dazöhlt wos ihr wisst, macht fleisich mit.

Wöi's fröha daham in Gräinlas woa

Sua månchan schäi'n Brauch konnt' ma ba uns daham finna,
da oina woa füa die Gråuss'n, da onara füa die Kinna.
Kam håut's nei'a Gåua oang'fånga,
san d'Kinna Halicha Dreikönich singa gånga.

In da Fosnat woas jå dånn gånz toll,
ålla Wirtshaisa woa'n dao g'råmmelt voll.
G'maschkat hams, wöi, dös woa égal,
d'Hauptsåch woa, sie woa'n im Såål.

Mitt'n in da Fåst'n dao håut's sua schäi'n klunga,
wenn d'Moidla u Boum vurn Haisan håm g'sunga.
Die Boum, döi håm an Tåud astrog'n,
dös woa fei' schäin, dös mou'ma sog'n.
Die Moidla san mit'n Tannla gånga,
Glück sollt' dös bringa, ållan mitaranåna.

Am Gräindoanschta san die Glock'n g'sturb'm,
dao san se åffa rumpeln gånga, die Boum.
Åustan woa ba uns a gånz gråuss' Fest,
fröih woan ma in da Kirch'n g'west.

Pöller schöiss'n u Åustareit'n,
nix woa nan z'vül an Leit'n.
Åmbds håut in Wirtshaus d'Musich g'spült,
tånzt is wuar'n u vül dazühlt.
Gånga is' dao bis ind'Fröih,
koina håut g'sagt, öiza bin i'möi'.

U's nächsta woa da Moiabaam,
s'gånza Durf woa dao, ma glabt dös kam.
A jeda wollt' dao gånz nåuch vurn,
wenn da Moiabaam is üm'sägt wua'n.

Åffa woa hålt Pfingst'n oan da Reih',
wöi z'Åustan woas, dös soch i enk fei' .

Wöi im Flug is d'Zeit varunna,
d'Leit' san fleissich in d'Årwat gånga.

Erscht im Hirwast is' rouicha wua'n,
wenn d'erdeppl daham woa'n u a 's Kuarn.
Åffa woa d'Kirwa 's gräista Fest,
ålt und Jung woa af'n Tånzbua'n g'west.
Vuan Wirtshaus håut oina g'sunga sua laut wöis gäiht,
« wenn i' a' a Tschitschal häit ».

Dånn is scho sua långsåm da Schnäi kumma,
die Ålt'n woan ban Uaf'n, in da Leit'n woan d'Gunga.
Üm döi Zeit håm d'Kinna scho af'n Niklas g'wårt',
u Angst g'håt, dass ea im Sook a Roucht'n håut.

Glei' draf woa åffa 's Weihnåchtsfest,
dös woa s'schänsta van gånz'n Gåua g'west.
Jeda haut sich g'fraat wöi a Kind,
wos wuhl s'Christkindl ållas bringt.
A Freid håm ma g'håt üwa jeda Kloinichkeit,
denn dåmåls woan se hålt nuch z'friedena, d'Leit.

Dao san dånn a die Zembara kumma
u håm gean Kouch'n u Göld oang' numma.
In d'Christmett'n san ma dåmals gånga,
oft in håuch'n Schnäi, schäi'n hinta anåna.
Wos woa'n dös schäina Feiatoch,
jeda haut g'feiat nåuch sein G'schmoch.
Wöi åffa s'ålta Gåua za End' ganga is,
woa in Wirtshaisan koa'n oinzicha laara Tisch.

Sülvesta håm ma g'feiat, g'lacht u g'sunga,
u ins neia Gaua einé s'Tånzboa'n g'schwunga.
Oft denk' ma z'ruck oa'n döi schäi'na Zeit,
doch vagånga is se, u sua weit.
Owa neat vagess'n soll se bleib'n,
dös woa da Grund, åll's afzaschreib'n.

Schau'n ma doch amål z'ruck:
„Schnåug'n va Gräinlas"

Am Gräinlas-Berch ban Rodl'n, woa die gräissta Nårretei,
bloss afpåss'n håm ma mäin, af'm Russ-Polizei.

In d'Schöl san ma gånga, owa g'lernt håm ma neat vül,
die Lehra n håm s'Gfrett g'håt, wal koina recht wüll.

Da Burschtmüller-Koarl, spült sein Leierkåst'n schäi'n,
sagt, wenn i döi Musich neat g'lernt häit, möisst i be'ln gäih'n.

Dea Durz-Wenz mit seina Kouh, dös woa Tradition,
is ban Moiabam stets mitg'foahr'n, ma kennt nan jå schon.

An Vuagltoni håm d'Boum kennt, wöi oft is dea g'fluag'n,
owa d'Händ'håut ma'n main erscht druck'n, dao håm sich
d'Finga durchbuag'n.

Ba da Lydia, dao woa fei'n oft a gråusse Hetz,
wenn se die B'soffana håm, vur d'Haustür g'setzt.

Ban Kämpf seina Fabrik, hält der Zuch jedes Mål,
owa dånn füaht ea weiter, af Ölbuag'n u Schlåggawål.

Wer af Kårlsbod g'wollt håut, is in Neisodl ümg'stieg'n,
in Fischern håut ea mäi'n asse, wenn da Zuch is stäi'n blieb'n.

Am Sieb'nheisan dao woa an Heidler sa'n Lo'dn,
u da Winkler håut die Milch bråcht, dass se weiss'n Kaffee
g'håt'n håm.

In da Leit'n håm ma g'rodlt u Fassldaub'n g'foahr'n,
am schänsten woa's dånn, wenn ara recht vül durt'n woa'n.

Gräinlas woa im Tål g'leg'n, da Kålt'nhuaf woa uab'n,
wennst im Winter durt affe bist, dånn bist durchg'wachelt
wua'n.

Schåu dea Nåuma, am Blåusa, dea sågt's gouta Moa'n,
durt uab'n zöih'st am Besten, an dick'n Kalmuk oah'n.

Sua is' Lustich's u Seltsåm's in Gräinlas påssiert,
mia Ålt'n mäin's afschreib'n, dass d'Jugend wos davoa
daführt.

U sie soll neat vagessen, woivül Unrecht durt is g'scheah,
dass sua vül brava Leit håm ihr Hoimat nimmer g'seah.

Wos ma g'håt håm daham, heint erscht schätzt ma dean Wert,
du woarst unna Hoimat, vagess'n bist neat.

Hoimat, vagessen bist neat.

Unna Gräinlas Gemeinde, woa dåmåls scho gråuss,
dao woa'n Fabriken, Bergwerka u a sinst woa' vül låus.
doi Såndgroub'n dea Ton u a dea Kaolin,
zwischen Gräinlas u Kålt'nhuaf, links wos 'n se drüb'n.

Van weit'n wenn ma g'schaut haut, woa dös Bild'l neat schäin,
denn in dean Bereich durt, woa hålt neat sua vül gräi'n.
Owa vül Leit' håm durt g'årwat, u es woa deanan san Brout,
doch glei dahinter woa da Wold, dea måcht allas wieder gout.

A dös Bild'l van O'ram (Abraum), dös schaut ma neat gern oa'n,
owa in fröih'eren Zeiten, håmara hålt vül leb'n main davoa'n.
Hintern Blousa, mitt'n in Feldan, woa' da Bauernschåcht durt,
va da Neisodla Schöll, woa' ea gåua neat weit furt.

Zwou Fabrik'n woa'n dao, döi låu'n ma neat ausser Åcht,
denn a schäi'ns Porzellan, håm se durt drinna g'måcht.
Industrie håm ma g'håt', wer woiss woi vui,
Tooch u Nåcht is dao ganga, es woa durt näi'n stüll.

U unna Gegend, denkt's enk die Såndgroub'n u an O'ram amål weg,
wenn ma sich richtich håut img'schaut, woar's a gånz schäina Fleck.
Gråuss woa dea Gräinlas Wold, u dirt's kännt's es glab'n, wenn ich's soch,
wea nan richtich håut sea woll'n haut mäin laff'n an gånzen Tooch.

Wea hintern dea Kåmpf-Fabrik in Richtung Ölbuag'n haut g'schaut,
jå dea haut doch aff oa'måI sein Auchan neat tra'ut.
Drüb'n links liegt die Leit'n, a gånz håucha Hång,
u gånz uama, dao lafft die Kaiserstrouss entlång.

U unten im Tål, wos soll ich enk sog'n,
man möisst dös hålt mål'n, dao doit ma mäia davoa'n hob'n.
Ba sua an Bild'la mousst stäih'n bleib'n, u schaua mousst vül,
wåu da Foussewech, dös Båhngläufs und's Bachal hi'n wüll.
Aff da recht'n Seit'n steigt dånn s'Gelände wieder oa'n,
wao ma am häichst'n Punkt affa, die Chemisch sea koa.
Dös Gräinlas-Gassl zöih't sich bis Ölbuag'n durt ein', da schänsta
Spazierwech woa's fei.

Und ich sochs ållawal wieder,
Sua woa's hålt daham, dös wiss'n mia, nuch heint,
wal ma va durt furt håm mäin, håm ma manches Mål grein't.
Wos ma g'håt håm daham, heint erscht schätzt ma dean Wert,
du woar'st unna Hoimat, vagessen bist neat.

Schau'n ma doch wieder amål z'ruck :

Am Kalt'nhuaf woar's luftich, owa schäi'n woar's hålt durt,
wal ma schaua håut känna, gånz, gånz weit furt.
Vur'n Fimmel sein Wirtshaus, håut ma an Schmiedwold drüb'n g'seah,
u va links druab'n van Berch, schaut die Schaferei her.

Dös Bacherl in Zinngrob'n, dös howé gout kennt,
wöi's üwa d'Stoi'n is hing'sprunga u za da lacha oi'grennt,
Vuar'n Rumpeln gäih'n håm ma uns in dea'n Bachala g'wåsch'n,
ban letzt'n Glock'nschloch mousst'n ma in's Wasser einé plåsch'n.

Dea Wech durt in Zinngrob'n gäiht bis zan Wilnauer,
wer füa d'Natur håut a Auch' g'hat, konnt durt'n vül schaua.
Vur'n Schmiedwold is a Wech gånz staal za da Ischa oig'loffen,
unten håut ea sich dånn mit da Hans Halingstrouss troffen.

Oan Huarner Berch denk i, wöi schäi'n woar's doch durt,
dao håm ma Enzian g'hult, san owa dånn schnell wieda furt.
Van Berglhaus as haut ma känna schaua wöi weit,
dao woa a unna Rodelbåhn za dera Zeit.

U an Dietl sa'n Porzellanfabrik, woa a glei daneb'n,
wer dao drinna g'årwat håut, håut känna gout leb'n.

Va unnan Brünnala, dao wa fei'n wül zan dazühl'n,
Höit'n håm ma soll'n, owa mia håm bloss denkt ån's Spül'n.
Da Fruaschstoa'n der gråusse, ich glaub der haut g'lacht,
denn manches Mål woa mia, åls häit ea an Zwinckerer g'måcht.

Da Gräinlaswold woa hålt im Fröiling sua gräi'n,
dao konnt'n ma fröih' bål schå Maikäfer schüttl'n gäih'n.
Unnan Spinnlteich, dean håm mia ålla gout kennt,
åls Kinna san ma im Summa wöi im Winter hing'rennt.

Sua woa's hålt dahåm, dös wiss'n mia nuch heint,
wal ma va durt furt håm mäi'n, håm ma manches Mål grein't.
Wos ma g'håt håm dahåm, heint erscht schätzt ma dean Wert,
du woa'st unna Hoimat, vagessen bis neat.

öi g'strickta Gattahuas'n.

Wal da Ferdl sua vül Rheuma håut,
denkt die Zenzi, öiza im Winta trifft sich's gout.
A wårma Gattahuas'n strick ich nåchts gånz stad,
denn af suawos haut ea sich scho lång draf g'frat.
Gånz hoimlich nåudlt se draf låus,
påsst af, dass se neat za kloa'n wiad u neat za gråuss.
Hint'n im dao måcht sa se a bisl graissa,
denn im Ålta blåus'n d'Wind vül läisa.

Doa mou ich enk nuch wos dazühl'n,
ålla zwoa sitz'n af da Uaf'nbänk sua gånz im Stüll'n.
Da Ferdl schnårcht in ålla Rouh,
s'Hulz knistat in Uaf'n, ma hurcht gea'n zou.
Af oa'nmål håut's an Pumpara g'måcht, an gråuss'n,
der häit ja schöia s'Feia asblåus'n.
Du Fuerzkutta, sua schimpft die Zenzi ihran Ålt'n,
wos ma neat in Händ'n håut sågt ea, koa ma neat halt'n.

Glei draf, håut da Ferdl wieda g'schnårcht,
u die Zenzi håut fleissich weita g'måcht.
Wöi åffa d'Huas'n firtich woa,
sågt d'Zenzi, prowia se a glei oa'n,
döi Wärm, döi tout dean Ferdl gout,
da fåsst ea wieda neia Mout.

Wöi fröiha håm si sich af d'Uaf'nbänk g'setzt,
u glei håut da Ferdl a weng oa'n da Zenzi g'wetzt.
U wöi se håm sua af da Uaf'nbänk g'sess'n,
dao haut fei'n da Ferdl sa 'n Rheuma vagessen.

Wöi mia 1985 s erschta Mål in Pölling am Gräinlaser Treffen woa'n,
dao san mia mit ara innern Freid durt unte g'foahr'n.
Dao woar'n va unar'n Durf fei'n üwa dreihunar't,
dass ara nuch sua vül gibt, dao håm mia uns g'wunar't.

Owa va uns Bouwan, van Jahrgang 1924, dös woa gåua neat schäi'n,
dao woar'n fei'n im Gånzen, grod nuch zwäi'n.
Oina davoa'n woa da Hurner Rudi u die Nummer zwoa woa ich,
dös håm ma festg'stöllt, wöi ma dao sua sitzen am Tisch.

Erscht håut jå oina an onan neat kennt,
denn seit unara Schölzeit, håm uns jå üwa 40 Jåu'ha trennt.
In der Schöl håm ma in oin Bankla g'sessen,
dös håm mia zwäi'n fra'hle neat vagessen.

Üwan Unterhålt'n stöll'n mia fest,
mia san ålla zwäi'n va Hessen g'west.
Danåuch håm mia uns besoucht, sua wöi sich's hålt g'häiat,
no jå, halt dass oina wos van ånan häia'rt.

Da Rudi is schå öfter kumma, denn dös wa doch g'låcht,
am Wech za sein Flugplåtz, håut ea hålt an Åbstecher g'måcht.
Dea Flugplåtz woa va mia bloss dreissig Kilometer furt,
u da Rudi sågt, du glaubst jå neat wöi schäi'n Flöi'gn is, drum bin i a oft durt.

Schå ållawal wa a ich gear'n amål g'fluag'n,
owa füa mi håut sich hålt näi'n a G'legenheit dazou bua'n.
Dao dazült mia der Kaa'rl , vuricha Woch'n flöich i üwa dein Dürfla her,
u dao howe dich in Gart'n årwan sea'h.

Ei Sakrament denk i, dös wa doch wos füa mich,
u dao fröi'gt ea mi a schå, wüllst amål mitflög'n, oder fürchst du dich.
Mia zwäi'n håm uns glei in dean Fliecha g'schwunga,
dea Motor håut schå sa'n Liedl g'sunga.
Dånn gång's mit Schwung üwa döi Wies'n hin,
glei draf woar'n mia im Himmel drinn.

Da Rudi sågt, 600 m Häich hålt'n mia öza strikt,
sinst kumma mia mit Düsenjächan in Konflikt.
Koa'n Wolk'n woa am Himmel, die Sunn haut g'scheint,
schaua håut ma kenna, wer wöi's wöi weit.

Döi Dürfla sua kloa'n i ho se ållazåm kennt,
in da schlecht'n Zeit, bin i durt mit'n Rucksackla g'rennt.
Da Zuch woa sua winzich, die Auto sua kloa'n,
dös woa ållas sua schäi'n u ich schau hålt grot oa'n.

Una Dürfl, dös ho'b i mia va uama oa'n g'schaut,
åch jassas, i ho'b jå mein Auchan neat traut.
Ma Haiserl, dös howe i af Ånhieb entdeckt,

owa glabt mas, dao hob' i mi gånz schäi'n daschreckt.

Da Rudi dea Spötter, dea låcht mi nuch a'hs,
schau oi da'n gloi'ns Haiserl, owa mach dir nix draa's.
Er dra'ht nu zwoa Runden, dass ich's nu amål sia'h,
u dös woa sua schäi'n, ich dånk dir dafür.

Dånn sann mia nu g'fluag'n wer wöiss wöi weit,
va lata schaua dao ua'bn, vagisst ma die Zeit.
Ich ho'b denkt dös gäi'ht långsåm, dao kan'tn ma Bråutzeit måch'n,
owa wöi i am Tacho schau, måch'n mia doch 150 Såch'n.
Dao ua'ma erscht sia'ht ma, wöi schäi'n is doch döi Welt,
sua a Flug is fei'n wirklich neat zan bezohl'n mit aran Geld.

Echt Echalanda Gåstfreindschåft

Döi G'schicht is fei'n wåua, dös koa i enk sog'n,
döi haut sich tatsächlich in Hessen zoutrog'n.
Wöi's uns nåuch'n Assiedl'n ganz schlecht gånga håut,
dao is oina zan ånan g'loff'n, va lauta Nout.
Mia håm dazühlt, wöi schäi'n das hålt daham öiza wa,
va Ölbuag'n da Breitigam Lois u sa'n Wei die Fanne, wårn ållawal daba.

Nåuch ara påår Jåuhan, san döi zwoa weit furt af Giessen zuag'n,
sie håm g'moint, durt wiad sein Kinan spater doch mäia buan.
Mia håm uns dånn neat g'sea, wer wäuiss wöi vül Jåuha,
va latta Årwat, haut oina an ånan nix häian låua.

Wöi mia dånn amål håm af Giessen hin mäin,
dao håm mia g'sagt, öiza gänga ma a amål zan Breitigåm hin.
Dös Wiedersea wia i mei'n Lebtoch neat vergessen,
die Fanne sågt glei, öiza bleibt's a bis zan Mittochessen.

Glei draf woa se drüb'n in der Küch am håndier'n,
dean Gruch nåuch, haut mäin durt ållerhånd påssier'n.
Gout koch'n tout Fanne schå immer für's Leb'n,
owa mia håm uns g'fräigt, wos mog's heint sua gout's geb'n.

Mein Servierwåg'n sågt se, wiar i heint glei an'weiha,
der gäiht fei'n zan kipp'n u is a gånz neia.
Dånn haut se alles schäi'n drafg'stellt, wöi im Hotel zum Ross,
die Supp'n, die Kniala, dös Kraut und die Soss.
Und wöi se voll Stolz üwers Trittscheiferl fühat,
is ihr s'gräissta Malär in ihr'n Leb'n påssiert.

Durch den Hoppara, håut van Wagla die Sperre nåuchgeb'n,
dös Brettl kippt um, u ihr herrlich's Menü is am Teppich durt g'leg'n.
Die gouta Fanne woa fei'n öiz zan dabårma,
denn sua vül Möih håut sa sich geb'n g'hat, döi Årma.

Am Teppich liegt Supp'n, die Soss u a s'Kraut,
mei'n Gotterl, wöi håut denn der Teppich ausg'schaut.
Die Kniala, döi håm ma unter'n Kanape g'soucht,
u die Fanne, döi haut fei'n neat amål g'floucht.

Vuring is uns va dean gout'n G'ruch, schå s'Wasser im Maal
zåmg'loffen,
owa öiza håm ma dumm g'schaut, als war'n ma ålla besoffen.
Sua a Unglück wöi dös woa, owa wos konnt' ma dao scho måch'n,
zu ållem Malär, håm fei'n mäi'n a nuch låch'n.
Dean Schweinsbrou(t)n, die Kniala u s'Kraut konnt'n ma retten,
dao sågt da Lois, dass öiza nimmer langt, dao draf mächt i wetten.

U denkt's enk döi Fanne, dös kreizbrava Wei,
sie håut sich schå wieder g'fånga, sågt, dös howe ma glei.
A Büx'n mit Gulasch, döi haut se in die Pfånna,
A vöierl Stund' spata, håm ma g'essen mit ara nånna.
Nuch heit nåuch vül Jåuhan, dao lach'n mia noch,
der Teppich is wieder sauwa, owa schäi'n woars hålt doch.

Die Fanne is a Echalandare, aus ålten deitschen Eisen,
U wenn ihr's neat glab'n wollt's, gäiht's hin, sie wird's enk beweisen.

In Ölbuag'n wår da Bräutigåm Lois im Wolfgång bekånnt,
Sa'n Wei, die Hudler, Fanni, haut åls Moidl am Taub'ntoffel g'wohnt.

Hoimat

Schreibt's af, wöi enk da Schnowl g'wåchsen is,
Va uns vastäiht's doch jedara g'wiss.
Wenn ålla ihran Beitrag geb'n,
Bleibt unna Hoimat in uns lebn'n.
Die Erinnerung, döi soll in uns bleib'n,
Va durt koa se koa'n Mensch vatreib'n.
Vurichs Jåuha woa ich wiedarmål drinna,
Dirt's kännts ma's glab'n ma kennt se nimmer.

Die Neigier håut mich durt hin trieb'n,
Ich wollt, ich wa dao drass'n blieb'n.
Unna Hoimat wiad öiza recht oft greina,
U denk'n wiad se, kummt's wieda eina.
In unan Herzen bleibt d'Hoimat, sua wäi se fröiha wa
Wal se füa dös wos ma ihr öiza oa'ntout, selwa nix koa.

Über dieses Buch

Egon Brückner feiert im September 2014 seinen 90. Geburtstag in Ober-Gleen, seiner zweiten Heimat. Dieses Buch ist als Überraschung für ihn gedacht. Entstanden ist es auf Initiative seiner Tochter, die auch verantwortlich im Sinne der Herausgeberin ist. Der Delmenhorster Grafiker Wolfgang Rulfs hat die Autobiografie ihres Vaters in ihrem Auftrag professionell gestaltet.

Der Bremer Geschichtsverein Lastoria hat die Entstehung des Buches ehrenamtlich begleitet. Monika Felsing hat das Konzept vorgeschlagen und die Texte redigiert.

Justus Randt und Helga Felsing haben, im Wechsel mit Christl Brückner-Aubry, die Manuskripte abgetippt. Bei der Auswahl der Texte konnten sie aus dem Vollen schöpfen: Egon Brückner schreibt seit Jahrzehnten Prosa und Gedichte für den "Elbogener Heimatbrief". Auch im Zusammenhang mit dem Ober-Gleen-Projekt von Lastoria hat Egon Brückner seit 2013 autobiografische Beiträge verfasst. Einiges davon ist in dieses Buch eingeflossen, außerdem die beiden Texte über die Geburt seiner Kinder, die er Siegfried und Christl zum 60. Geburtstag geschrieben hat. Die Geschichten aus seiner eigenen Kindheit, aus Grünlas, aber auch seine Gedichte und die Schilderungen seiner Erlebnisse im Zweiten Weltkrieg waren schon zu seinem 70. Geburtstag in einer privaten Festschrift zusammengefasst worden.

In den ersten beiden Büchern der Reihe über Ober-Gleen (Monika Felsing, Ober-Gleen, Band 1: Gliesbeurel inner sich, BOD, Norderstedt 2013 und Band 2: Naut wie Ärwed, BOD, Norderstedt 2014) ist Egon Brückner als Zeitzeuge zitiert. Zu hören ist er auf den Ober-Gleen-CDs, die der Verein Lastoria gesponsert und 2014 veröffentlicht hat, und auf der von Wolfgang Rulfs im Auftrag des Ober-Gleener Gemeinderats gestalteten Website www.ober-gleen.de. Sämtliche O-Töne stammen aus dem Ober-Gleen-Projekt des Vereins. Auch in Band 3 und 4 der Reihe ("Himmel un Höll" und "Schbille gieh un feiern"), die in Arbeit sind, wird Egon Brückner vertreten sein.

Das Portraitgedicht, das sein Nachbar Norbert Werner ihm zu seinem 85. Geburtstag geschrieben hatte, hat Egon Brückner selbst als Beitrag für Band 2 eingereicht, weil es ihn rundum begeistert hat. Aus diesem Grund, und weil es ihn wirklich sehr gut beschreibt, ist es als Gastbeitrag auch in dieser Autobiografie zu finden.

Die Jahrzehnte alten Fotos stammen aus dem Familienalbum der Brückners. Egon Brückner hat seit den 50er-Jahren fotografiert. Aktuelle Fotos hat Monika Felsing für das Ober-Gleen-Projekt gemacht. Das Titelfoto dieses Buches ist Profi-Arbeit. Isolde Ebert hat das sehr gelungene Portrait in ihrem Studio, Foto Ebert, Markt 11 in Alsfeld (Oberhessen), aufgenommen und es dankenswerter Weise für dieses Buch zur Verfügung gestellt. Ohne Zweifel gefällt es auch dem Jubilar besonders gut: Das Bild illustriert sämtliche Einladungen zum 90. Geburtstag.

Dieses Buch ist dem Geburtstagskind und Urheber gewidmet.

Mit den besten Wünschen.